우리말 법화경 사경 4

혜조惠照 스님

공주사대 독어과 졸업 후 출가.

봉녕사 강원 졸업.

동국대학교 대학원 박사과정 수료.

대한불교조계종 총무원 문화국장 역임.

저서 및 논문으로

『우리말 법화삼부경』, 『운명을 바꾸는 법화경 사경』(전7권),

『행복을 부르는 법화경 사경』(전7권), 『독송용 우리말 법화경』

『너를 위해 밝혀둔 작은 램프 하나』(시집), 『엉겅퀴 붉은 향』(시집)

「연기법에 의한 공사상과 중도론 연구」(논문) 등이 있다.

우리말 법화경 사경 4

발행일 불기 2567년 9월 15일

번역 혜조 | **펴낸이** 김시열

펴낸곳 도서출판 운주사

(02832) 서울시 성북구 동소문로 67-1 성심빌딩 3층

전화 (02) 926-8361 | **팩스** (0505) 115-8361

ISBN 978-89-5746-156-3(세트) 03220

http://cafe.daum.net/unjubooks (다음 카페: 도서출판 운주사)

우리말 법화경 사경 4

혜조 惠照 譯

운주사

우리말 법화경 사경 차례

우리말 법화경 사경 4

사경 시작한 날 : 불기　　　　　년　　　월　　　일

________________ 두손 모음

제12 제바달다품

그때 부처님께서는 모든 보살들 그리고 하늘 천신과 사람 등 여러 사부대중들에게 이르시었다.

"나는 과거 한량없는 겁 동안 법화경을 구할 적에 단 한 번도 게으름을 피운 적이 없었느니라. 아주 오랜 겁 동안 항상 국왕이 되어서도 위없이 높은 깨달음을 구하려고 발원했으며, 단 한 차례도 마음으로 물러서지 아니하였느니라. 또한 육바라밀을 성취하기 위해 부지런히 보시를 행하되, 마음에 도무지 인색함이 없었느니라. 그래서 코끼리·말 따위의 짐승과 일곱 가지 진귀한 보배와 국가·도시·처자식·노비·시종들과 내 자신의 머리·눈·골수·몸·살덩이·손발 심지어 목숨까지도 전혀 아까워하지 않았느니라.

오랜 옛날 당시 세상 사람들의 수명은 한량없이 길었으나, 나는 법을 구하기 위해 국왕자리를 버리고 정사를 태자에게 맡겼느니라. 그리고는 북을 치고 영을 내려 사방으로 법을 구하되,

'누가 능히 나를 위해 대승을 가르쳐 주시겠습니까? 그런 분이 계시다면 내 마땅히

종신토록 섭기며 시중들겠나이다.'

당시 어느 선인이 왕에게 찾아와 말하기를,

'나에게 묘법연화경이라는 대승경이 있는데, 만약 내 뜻을 어기지 않는다면 마땅히 왕을 위해 설법해 주겠소.'

왕은 선인의 말을 듣고 크게 기뻐하며 곧장 선인을 따라가 필요로 하는 것들을 공급했느니라. 다시 말해 과일을 따오고 물긷고 나무하며 음식을 장만하는 것은 물론, 심지어 자기 몸으로써 그가 깔고 앉는 평상 노릇을 하기도 했느니라. 그러나 왕은 몸이나 마음으로 조금도 싫증내지 않았으니, 이렇게 받들어 섬기기를 천 년 동안이나 모셨느니라. 왕은 법을 위해서 그를 정성껏 부지런히 모셨으며, 조금도 부족함이 없게 극진히 받들었느니라."

그때 세존께서 거듭 의미를 표현하시고자 게송으로 말씀하셨다.

내 지난 과거 겁의 전생을 생각하건대
큰 법을 구하기 위하여
비록 세상의 국왕이 되었으나
오욕락에 탐착하지 않았고,

종을 쳐서 사방에 이르대
'누가 큰 법을 가지고 있는가?
만약 나를 위해 설명해준다면
이 몸 마땅히 평생 종이 되어 섬기리라.'

당시 아사선인이 왕에게 와서 말하기를,
'나에게 미묘한 법 있으니 세간에 희유한 바라.
만약 능히 수행할 수 있다면
내 마땅히 그대 위해 말해주리다.'

이때 왕은 선인의 말을 듣고
마음으로 크게 기뻐하며
곧장 선인을 따라가서
필요로 하는 것들을 시중들었으니,

나무하고 과일 따고 열매 주우며
때에 맞게 공경히 받드느라 힘은 들었건만
생각이 미묘한 법에 있었으므로
몸이나 마음으로 전혀 싫증내지 않았노라.

이렇게 널리 모든 중생들 위하여
부지런히 큰 법을 구하였나니,
비단 자기 몸만 편하게 하기 위해서나
오욕락을 위한 것이 아니었도다.

그러므로 대국왕이 되어서도
부지런히 이 묘법을 구하여
마침내 성불하였거늘
지금 일부러 너희들을 위해 말하는 것이니라.

부처님께서 모든 비구들에게 이르시었다.

"그때의 왕은 나 자신이었으며, 당시의 선인은 지금의 제바달다이니라. 제바달다는 훌륭한 선지식이었기 때문에 나로 하여금 육바라밀과 인자한 마음·가엾이 여기는 마음·함께 기뻐하는 마음·집착을 버린 평등한 마음 등의 사무량심과 삼십이상·팔십종호와 자마금색의 몸과 십력·사무소외·사섭법·십팔불공법, 그 밖의 여러 신통력과 도력 등을 구족하게 하였느니라. 그리하여 마침내 등정각을 이루어 널리 중생들을 제도하게끔 하였으니, 이는 모두 다 제바달다 선지식 덕분이니라.

따라서 모든 사부대중에게 이르노니, 제바달다는 이후 한량없는 겁을 지나서 반드시 성불하리라. 부처님 이름은 천왕여래·응공·정변지·명행족·선서·세간해·무상사·조어장부·천인사·불세존이니라.

세계의 이름은 천도이며, 당시 천왕불께서 세상에 머무시는 수명은 이십 중겁이 되리라. 널리 중생들을 위하여 묘법을 설하리니, 항하의 모래알처럼 수많은 중생들이 아라한과를 얻고 또 한량없는 중생들이 연각의 마음을 내리라. 또한 항하의 모래알처럼 무수한 중생들이 위없이 높은 진리를 이루고자 하는 마음을 내어, 무생인을 얻고 물러나지 않는 경지에 이르리라.

천왕불께서 열반하신 후 정법이 세상에 머무는 기간은 이십 중겁이리라. 그리고 부처님의 전신사리로 칠보탑이 세워지되, 높이는 육십 유순이고 가로와 세로는 사십 유순이리라. 모든 하늘천신과 사람들이 온갖 꽃과 가루향·사르는 향·바르는 향과 의복·영락·깃발·보배 일산과 악기를 연주하고 노래함으로써 칠보로 된 아름다운 사리탑에 예배하고 공양하리라. 그리하여 한량없는 중생들이 아라한과를 얻으며 수없는 중생들이 벽지불도를 깨닫고, 생각으로 헤아릴 수 없이 많은 중생들이 보리심을 내어 불퇴전의 경지에 이르리라."

부처님께서 모든 비구들에게 이르시었다.

"앞으로 미래 세상 가운데 만일 어떤 선남자 선여인이 묘법연화경의 〈제바달다품〉을 듣고는 청정한 마음으로 믿고 공경하며 의심하지 않는다면 지옥·아귀·축생의 삼악도에 떨어지지 않으리라. 뿐만 아니라 시방에 계시는 여러 부처님들 앞에 태어나되, 태어나는 곳에서 항상 이 법화경을 들으리라. 만약 인간이나 하늘나라에 태어나면 수승한 즐거움을 누리게 될 것이고, 부처님 앞에 태어나게 되면 연꽃에 화생하리라."

이때 땅 아래 하방세계에서 다보세존을 따라온 보살들 가운데 지적보살이 다보 부처님께 여쭈었다.

"이제 그만 마땅히 본국토로 돌아가셔야 되지 않겠습니까?"

그러자 석가모니 부처님께서 지적보살에게 이르시었다.

"선남자여, 잠깐 기다려라! 여기 문수사리 보살이 있는데, 서로 만나서 묘법에 대해 논설한 다음 본국토로 돌아가도록 하라."

그때 문수사리보살은 수레바퀴만큼 커다란 천 개의 꽃잎으로 된 연꽃 위에 앉았고, 같이 따라온 보살들도 역시 보배연꽃 위에 앉은 채 큰 바닷속 사갈라 용궁으로부터 자연히 솟아 나와 허공 속에 떠서 멈추었다. 이윽고 영취산에 이르자 연꽃 위에서 내려 부처님 계신 곳으로 나아가, 머리 숙여 다보 부처님과 석가모니 부처님 두 분 세존의 발에 절하였다. 예배를 마친 다음 문수사리보살은 지적보살이 있는 데로 가서, 서로 함께 안부를 물으며 인사를 나누고는 물러나 한쪽에 앉았다.

지적보살이 문수사리보살에게 물었다.

"인자께서 용궁에 가셔서 얼마나 많은 중생들을 교화하셨습니까?"

문수사리보살이 대답하였다.

"그 수는 한량이 없어서 가히 헤아릴 수가 없습니다. 입으로 말할 수 없을 뿐만 아니라 마음으로도 짐작할 수가 없답니다. 그러니 잠깐만 기다리십시오. 이제 저절로 증명이 되어 아시게 될 것입니다."

문수사리보살의 말이 미처 끝나기도 전에 무수한 보살들이 보배연꽃 위에 앉은 채 바닷속에서부터 솟아 나왔다. 그리고 영취산으로 다가와 허공 가운데 떠 있거늘, 이들은 전부 다 문수사리보살이 교화하여 제도한 보살들이었다. 이들은 보살행을 구족하고 모두 함께 육바라밀을 논설하였는데, 본래 성문이었던 사람들은 허공 속에서 성문 수행에 대해 말하기도 했지만 지금은 모두 대승의 공한 이치를 수행하고 있었다.

문수사리보살이 지적보살에게 일러 말하기를,

"바닷속에서 교화한 일이 이러합니다."

그때 지적보살이 게송으로써 찬탄하였다.

큰 지혜와 높은 위덕
용맹스런 뜻으로
무량중생 교화하고 제도하신 일
지금 이 모임에 있는 대중과 내가 이미 확인했나니,

실상의 뜻 펼치시어
일승법을 열어 밝히시고
널리 모든 중생들 인도하사
깨달음을 속히 이루게 하시었도다.

문수사리보살이 말하였다.

"나는 바닷속에서 오직 항상 묘법연화경만 연설하여 가르쳤답니다."

지적보살이 문수사리보살에게 물었다.

"이 경전은 매우 깊고 미묘하여, 모든 경전들 가운데 보배이자 세상에서 아주 희유한 바입니다. 그런데 과연 어떤 중생이든 부지런히 정진하며 이 법화경을 수행한다고 해서 정말로 빨리 성불할 수 있겠습니까?"

문수사리보살이 대답하였다.

"사갈라 용왕의 딸이 하나 있는데, 나이가 이제 겨우 여덟 살밖에 안 되었습니다. 하지만 지혜롭고 총명하여 중생들의 여러 근성과 행업에 대해 잘 알며, 다라니를 얻어 모든 부처님들께서 설하신 깊고 비밀한 법장까지 다 수지하여 외울 정도입니다. 게다가 선정에 깊이 들어 온갖 법에 대해서 밝게 통달하고 있습니다. 또한 순간 찰나에 보리심을 내어 불퇴전의 경지를 얻었고, 변재가 걸림 없으며 중생을 갓난아이 보살피듯 자비롭게 사랑합니다. 공덕이 구족하여 마음으로 생각하고 입으로 말하는 것이 넓고 미묘하며 광대할 뿐만 아니라 자비롭고 어질며 겸허하기 그지없습니다. 마음먹고 생각하는 것이 온화하고 우아하여, 능히 깨달음에 도달할 만합니다."

지적보살이 말하였다.

"내 생각하건대, 석가여래께서도 한량없이 오랜 겁 동안 어렵고 힘든 고행을 수행하셨소이다. 그래서 많은 공덕을 쌓아 보살도를 구하셨으니, 일찍이 한 번도 공덕 쌓는 것을 소홀히 한 적이 없으셨습니다. 오죽하면 삼천대천의 온 세계를 살펴볼 때, 전생의 석가 여래께서 중생을 위해 목숨을 바치지 않았던 곳이 단 겨자씨만큼도 없을 정도였겠습니까? 석가모니 부처님께서도 그렇게 하신 후에야 깨달음을 이루셨거늘, 한날 용녀

따위가 잠깐 사이에 문득 정각을 이룬다는 말은 도무지 믿어지지가 않습니다."

지적보살이 말을 채 맺기도 전에 용왕의 딸이 홀연히 부처님 앞에 나타났다. 그녀는 부처님께 머리 숙여 공손히 절하고, 한쪽으로 물러나 게송으로써 부처님을 찬탄하였다.

죄와 복의 모양 깊이 통달하여
시방세계 두루 비추시며
미묘한 청정 법신에 삼십이상 갖추시고
팔십종호로써 법신을 장엄하시니,

하늘천신과 사람들이 우러러 받들고
용과 귀신들도 모두 공경하오며

일체 중생 무리들
높이 받들지 않는 자 아무도 없나이다.

또 설법 듣고서 깨달음 얻을 것을
오직 부처님께서만은 마땅히 증명하시리니,
저도 역시 대승의 가르침 열어서
고통받는 중생들을 제도하오리다.

이때 사리불이 용녀에게 말하였다.

"네가 수행한 지 얼마 안 되어 위없이 높은 도를 얻는다는 것은 참으로 믿기 어려운 일이다. 왜냐하면 여자의 몸은 때 끼고 더러워서 법의 그릇이 아니기 때문이다. 그런데 어떻게 네가 능히 위없이 높은 깨달음을 얻을 수 있단 말이냐?

부처님 되는 길은 멀고멀어서 한량없는 겁이 흐르도록 부지런히 고행을 쌓고, 모든 바라밀을 구족히 닦고 난 다음에야 겨우 성취되는 법이다. 또 여인의 몸에는 다섯 가지 장애가 있지 않느냐? 말하자면 첫째, 범천왕이 되지 못하며 둘째, 제석이 되지 못하고 셋째, 마왕이 되지 못하며 넷째, 전륜성왕이 되지 못하고 다섯째, 부처님이 되지 못하는 법이니라. 그런데 어찌하여 여자의 몸으로 속히 성불할 수 있단 말이더냐?"

그때 용녀는 보배구슬을 하나 가지고 있었는데, 삼천대천의 온 세계에 상당할 만큼 어마어마하게 값나가는 것이었다. 그것을 가져다가 부처님께 올리니 부처님께서 이내 받으셨다. 그러자 용녀가 지적보살과 사리불 존자에게 말하였다.

"제가 보배구슬을 드리자 세존께서 받으셨거늘, 이 일이 빠릅니까 더딥니까?"

지적보살과 사리불이 대답하되,

"아주 빠르도다!"

용녀가 말하였다.

"여러분의 신통력으로써 이제 제가 성불하는 것을 똑바로 보십시오. 이보다 더 빠를 것입니다."

당시 모인 대중들이 다 용녀를 바라보자, 잠깐 사이에 남자로 변하여 보살행을 구족하였다. 이윽고 남방의 무구세계로 가서 보배

연꽃 위에 앉아 등정각을 이루더니, 삼십이 상과 팔십종호를 갖추고 널리 시방 일체 중생들을 위하여 묘법을 연설하는 것이었다.

그때 사바세계의 보살과 성문들 그리고 하늘천신과 용 등 팔부신중의 사람인 듯하면서 아닌 이들은 전부 멀리서 용녀가 성불하여, 당시 무구세계에 모인 사람과 하늘천신들을 위해 널리 설법하는 것을 보았다. 그들은 모두 마음으로 크게 환희하여 하염없이 바라보며 공손히 예배드렸다.

무구세계의 한량없는 중생들은 법을 듣고 깨달아서 불퇴전의 경지를 얻었으며, 또 한량없는 중생들이 불도의 수기를 받자 무구세계가 여섯 가지로 진동하며 움직였다. 그리고 삼천 명의 사바세계 중생들도 불퇴전의 경지에 머물게 되었고, 다른 삼천 명의 중생들은 보리심을 내어 수기를 받았다.

이에 지적보살과 사리불 그리고 일체 대중들은 용녀의 성불을 잠자코 인정하며 받아들일 수밖에 없었다.

제13 권지품

그때 약왕 보살마하살과 대요설 보살마하살은 이만 명의 보살들과 함께 부처님 앞에서 모두 이렇게 맹세하였다.

"부디 세존이시여, 너무 염려하지 마시옵소서!

부처님께서 열반하신 후 저희들이 마땅히 이 경전을 받들어 지니고 읽고 외우며 설하겠나이다. 후세의 오탁악세 중생들은 선근이 점점 줄어들어, 깨닫지 못하고도 깨달은 체하는 교만한 자들이 많을 것입니다. 게다가 이익과 공양을 탐내니 나쁜 근본만 자꾸 쌓여 해탈에서 더욱 멀어지게 될 것입니다. 그래서 비록 그들을 교화하기가 어렵다 할지라도, 그럴수록 저희들은 마땅히 인욕의 힘을 크게 일으키겠습니다. 그리하여 이 경을 독송하여 지니고 해설하며 베껴 쓰고 여러 가지로 공양하는데 결코 목숨을 아끼지 않겠나이다."

그때 대중 속에서 앞서 수기 받았던 오백 명의 아라한들이 부처님께 사뢰었다.

"세존이시여! 저희들도 이 법문 펼칠 것을 스스로 서원합니다. 그러나 사바세계 말고 다른 세계에 가서 널리 이 법화경을 설하겠나이다."

또 수기 받았던 팔천 명의 유학인과 무학인들이 자리에서 일어나 합장하고 부처님을 향해 이렇게 맹세하였다.

"세존이시여!

저희들도 또한 마땅히 사바세계 말고 다른 세계에서 널리 이 경을 설하겠나이다. 왜냐하면 이 사바세계 사람들은 타락해서 사악한 이가 많으며, 깨닫지 못하고도 깨달은 체하기가 일쑤입니다. 또 공덕이 얕고 천박해서 성질을 잘 내고 정신까지 흐리멍덩한 데다, 아첨하기나 좋아하고 교묘하여 마음도 진실하지 못하기 때문입니다."

그때 부처님의 이모인 마하파사파제 비구

니는 육천 명의 유학·무학 비구니들과 함께 자리에서 일어나 일심으로 합장한 채, 부처님의 거룩하신 얼굴을 우러러 잠시도 눈을 깜빡이지 아니하였다. 그러자 세존께서 교담미 비구니에게 이르시었다.

"무슨 까닭에 그렇게 근심스런 얼굴로 여래를 보는가?

그대 생각에 내가 그대의 이름을 부르며 아뇩다라삼먁삼보리의 수기를 주지 않아서인가? 하지만 교담미여, 내가 앞서 모든 성문들에게 한꺼번에 이미 다 수기를 주지 않았던가? 그런데도 이제 그대의 수기만 따로 분명히 알고자 한다면 잘 들어라.

그대는 장차 미래 세상에 마땅히 육만팔천억

의 여러 부처님 법 가운데에서 대법사가 되리라. 그리고 나머지 육천 명의 유학·무학 비구니들도 그대와 함께 법사가 되리라. 그대는 이런 식으로 해서 점점 보살도를 갖추어 마땅히 성불하리니, 부처님 이름은 일체중생희견여래·응공·정변지·명행족·선서·세간해·무상사·조어장부·천인사·불세존이니라.

교담미여! 일체중생희견 부처님과 육천 명의 보살들은 차례차례 서로 수기를 주어 아뇩다라삼먁삼보리를 얻으리라."

그때 라후라의 어머니인 야수다라 비구니가 이렇게 생각하였다.

'세존께서 딴 사람은 다 수기를 주시면서, 어찌 내 이름만 언급하지 않으시는 걸까?'

부처님께서 야수다라 비구니에게 이르시었다.

"그대도 앞으로 오는 세상에 백천만억의 여러 부처님 법 가운데에서 보살행을 닦아 대법사가 되리라. 이렇게 점점 불도를 완성해 나아가 선국세계에서 마땅히 성불하리니, 부처님 이름은 구족천만광상여래·응공·정변지·명행족·선서·세간해·무상사·조어장부·천인사·불세존이니라. 그리고 부처님의 수명은 한량없는 아승기 겁의 오랜 세월이 되리라."

그때 마하파사파제 비구니와 야수다라 비구니 그리고 그 권속들은 모두 크게 환희하여 일찍이 없던 희유함을 느꼈다. 그리하여 부처님 앞에서 즉시 게송으로 사뢰었다.

세존 대도사께옵서는
하늘천신과 사람들을 안락하게 하시나니,
저희들 이제 수기 듣사옵고
마음이 매우 편안하오며 흡족하옵니다.

이 게송을 마치고 나서 비구니들은 다시 부처님께 사뢰었다.

"세존이시여! 저희들도 능히 사바세계 말고 다른 세계에서 널리 이 법화경을 펼치겠나이다!"

그때 세존께서 팔십만억 나유타 여러 보살마하살들을 바라보셨다. 그 많은 보살들은 전부 아유월치 보살로서, 이미 불퇴전 법륜을 굴리며 각종 다라니를 얻은 상태였다. 그 보살들은 곧 자리에서 일어나 부처님 앞으로 나아가 일심으로 합장하며 이렇게 생각하였다.

'만약 세존께서 우리들에게 이 법화경을 잘 간직하여 연설하라고 분부하신다면, 마땅히 부처님 가르침대로 널리 이 법을 펼치련만……'

그리고 다시 또 이렇게 생각하였다.

'부처님께서 지금 침묵하신 채 아무 분부도 내리지 않으시니, 우리들은 마땅히 어찌해야 좋은가?'

이윽고 당시 모든 보살들은 부처님 뜻을

공손히 따르는 동시에 스스로 자신의 근본 서원도 만족시키고자, 문득 부처님 앞에서 사자의 울부짖음처럼 우렁차게 맹세하였다.

"세존이시여! 저희들도 여래께서 열반하신 후 시방세계에 두루 다니면서, 능히 중생들로 하여금 이 경전을 베껴 쓰고 받아 지니며 읽고 외우고 그 뜻을 해설하도록 하겠습니다. 그뿐만 아니라 경전의 가르침대로 수행하며 바르게 기억하도록 하겠습니다. 하지만 이 모든 것은 바로 부처님의 위신력으로 하는 것이니, 오직 원컨대 세존께서는 설사 다른 곳에 계시더라도 멀리서 보시며 수호하여 주시옵소서!"

즉시 모든 보살들은 다 함께 소리 내어

게송으로 사뢰었다.

부디 너무 염려하지 마시옵소서!
부처님 열반하신 뒤
두렵고 험한 오탁악세에서
저희들이 마땅히 이 경을 널리 설하오리다.

어떤 어리석은 사람들이
나쁜 말로 욕하고 꾸짖으며
칼과 몽둥이로 내리치더라도
저희들 모두 당연히 참으오리다.

말법의 오탁악세 비구들은
삿된 지혜로 마음이 사특하고 비뚤어져
얻지 못한 것을 얻었다 하며

아만심만 가득하나니,

어떤 비구는 조용한 숲속 암자에서
누더기 입고 외딴 곳에 지내는 것으로
참된 도를 닦고 있다 착각하여
다른 사람들을 잔뜩 업신여기고,

또는 이익만 탐착하여
속인에게나 설법하되
세상에서 공경 받기를
육신통 얻은 아라한이라도 된 듯하거니와,

이런 비구들은 나쁜 마음먹고
항상 세속 일만 생각하면서도
조용한 숲속 암자에 거짓으로 틀어박혀서

저희들의 허물이나 들춰내기 좋아해 말하기를,

'저 비구들은 이익만 탐내서
외도 학설 지껄여대며 직접 경전까지 지어내
세상 사람들을 속이고 미혹케 하니,
이름 내기 위해서 저런 경전을 분별하도다.'

그래서 늘 대중 가운데서 훼방코자 하여
국왕·대신·바라문·거사들과
나머지 다른 비구들에게도
저희들을 나쁘다고 비방하며 말하되,

'사견을 가진 사람들이라서
외도의 학설이나 지껄여댄답니다.'
이리 하여도 부처님을 공경하기에

그 못된 짓들 다 참으오리다.

또 아예 가벼이 여겨 말하기를,
'오냐, 너희들이 진짜 다 부처로구나!'
이처럼 업신여기며 빈정대는 말투도
마땅히 죄다 참고 감수하오리다.

무서운 일 허다한 오탁악세 험한 시절에
악귀라도 지핀 듯이 사나운 이들
모진 말로 욕하며 꾸짖고 헐뜯더라도
부처님 공경하고 믿기에 인욕의 갑옷을 입으오리다.

이 법화경을 설하기 위해
저희들은 그 모든 어려운 일들 끝까지 참으며

위없이 높은 진리를 목숨보다 더 소중히 아껴서
앞으로 부처님 부촉을 잘 지키고 간직하오리다.

세존께서도 의당 스스로 아시되
오탁악세의 그릇된 비구들은
부처님께서 방편으로
근기에 맞게 설법하셨던 내용을 몰라서,

욕설하고 빈축거리며 툭하면 저희들 쫓아내나니
할 수 없이 절에서 멀리 추방당하게 되더라도
그와 같이 억울한 일조차
부처님 분부 생각하고 모두 마땅히 참으오리다.

어떤 마을이든 도시나 시골에서

법을 구하는 사람이 있다면
어디든 그 처소에 가서
부처님께서 부촉하신 법을 설하오리다.

저희들은 세존의 심부름꾼으로
대중 속에서도 두려움 없이
마땅히 잘 설법하리니
부처님 제발 걱정 마시고 편안히 계시옵소서!

저희들은 석가세존과
시방에서 오신 많은 부처님들 앞에
이와 같이 맹세하옵나니
누구보다 부처님께서 저희들 마음 잘 아시오리다.

제14 안락행품

그때 문수사리 법왕자 보살마하살이 부처님께 사뢰었다.

"세존이시여, 이 보살들은 아주 어려운 일을 감당해야만 될 것입니다. 즉 부처님을 공경하고 순종하기에 큰 서원을 세웠으니, 미래 오탁악세에서 이 법화경을 수호하여 간직하며 읽고 연설할 것입니다. 하지만 세존이시여, 보살마하살이 미래 오탁악세에서 어떻게 해야만 이 경을 널리 연설할 수 있겠습니까?"

부처님께서 문수사리보살에게 이르시었다.

"만약 보살마하살이 미래 오탁악세에서 이 경을 연설하고자 한다면 마땅히 네 가지 행법을 잘 지켜야 하느니라.

첫째, 보살의 올바른 수행 자세와 가까이 해야 할 영역에 바로 안주해야만, 능히 중생들을 위하여 이 경을 연설할 수 있느니라.

문수사리보살이여, 무엇을 보살마하살의 올바른 수행 자세라 하는가? 보살마하살은 인욕의 경지에 머물러서 부드럽고 온화하며 착하고 순하여 발끈발끈 성내지 말아야 할 뿐만 아니라, 또한 마음으로 깜짝깜짝 놀라지 말아야 하느니라. 또 무엇에도 사로잡히지 말고 모든 법을 실상 그대로 관찰하되, 역시 함부로 생각하지 말고 분별하지 말아야 하느니라. 이것을 말해 '보살마하살의 올바른 수행 자세'라 하느니라.

다음에 무엇을 보살마하살이 가까이해야 할 영역이라 하는가? 보살마하살은 국왕과 왕자·대신·관청의 우두머리들과 교제하며 비위를 맞추거나 섬기지 말아야 하느니라. 또 모든 외도들, 곧 범지나 니건자 등과 가까이 사귀지 말며, 세속 문필가나 외도의 서적을 찬탄하는 이들, 그리고 로가야타와 역로가야타 등과도 친하게 지내지 말아야 하느니라. 또한 모든 흉칙한 놀이와 서로 찌르고 격투하며 힘 겨루는 일, 배우나 광대들이 갖가지로 변화하는 놀이와 오락 등에도 가까이하지 말아야 하느니라. 또 전다라와 돼지·양·닭·개 따위를 기르는 이와 산짐승을 사냥하고 물고기를 잡는 등 여러 나쁜 짓을 하는 사람들과 친하게 사귀지 말아야 하느니라. 그러나 혹시 그와 같은 사람들이 찾아오거든, 그들을 위하여 그때그때 알맞게 설법해 주되 바라는 바가 없어야 되느니라.

또 성문승을 구하는 비구·비구니·우바새·우바이와 가깝게 지내지 말며, 문안도 하지 말라. 그래서 방안에서나 혹은 다니는 길에서, 아니면 강당 안에서라도 함께 가까이 머물지 말라. 하지만 혹시 찾아오거들랑 근기에 맞게 법을 설해주되, 역시 대가를 구하는 바가 없어야 되느니라.

문수사리보살이여!

또 보살마하살은 여자의 몸에 애욕을 일으킬 수 있는 태도로 설법해서는 절대로 안되며, 또한 여자들과 만나는 것을 좋아해서도 안 되느니라. 그리하여 만약 남의 집에 들어가더라도 어린 소녀나 처녀 혹은 과부들과 더불어 삼가 말하지 말며, 게다가 또 다섯 종류의 사내 아닌 남자들과도 친하게 지내지 말라. 그리고 혼자서 남의 집에 들어가지 말되, 어쩌다 그럴만한 사정이 생겨서 할 수 없이 혼자 들어가야만 할 때에는 오로지 일심으로 염불하며 들어가야 하느니라. 만약 여인을 위하여 설법하게 되거든, 치아를 드러내어 웃지 말고 가슴을 헤쳐 보여서도 안 되느니라. 심지어 법을 위해서라도 오히려 여인과 허물없이 친해져서는 안 되는데, 하물며 다른 목적으로 여인과 친하게 지내서야 되겠느냐!

그리고 나이 어린 제자나 사미·어린애들 기르는 것을 좋아하지 말고, 또한 스승과 더불어 같이 풍류하지 말라. 그보다 항상 좌선하기를 좋아하고, 한적한 곳에서 그 마음을 거두어 닦도록 하여라. 문수사리보살이여, 이것을 '보살마하살이 가까이해야 할 첫 번째 영역'이라 하느니라.

다음에 또 보살마하살은 일체법이 공하여

실상과 같음을 관찰해야 하느니라. 즉 모든 법은 뒤바뀌지 않고 흔들리지 않으며 물러나거나 옮겨가지 않나니, 마치 허공에 아무런 성품이 없는 것처럼 일체 언어의 길이 끊어져 말로써 표현할 수가 없느니라. 그래서 사실 모든 법은 생기는 것도 아니고 나오는 것도 아니며 일어나는 것도 아니고, 이름도 없으며 모양도 없어서 실제로 있는 게 아무것도 없느니라. 다시 말해 일체법은 한량없으며 끝도 없고 걸림도 없을 뿐더러 막힘도 없느니라. 왜냐하면 모든 법은 오로지 인연에 의해서만 존재하며, 전도된 생각으로부터 생기기 때문이니라. 그러므로 늘 이와 같이 법상을 즐겨 관찰하라고 말하나니, 이것을 '보살마하살이 가까이해야 할 두 번째 영역'이라 하느니라."

그때 세존께서 거듭 의미를 표현하시고자 게송으로 말씀하셨다.

만약 어떤 보살이 미래 오탁악세에서
두려움 없는 마음으로 이 경을 설하고자 하거든
마땅히 올바른 수행 자세와
가까이해야 할 영역에 입각해야 하느니라.

언제나 국왕과 왕자
왕의 시종인 대신과 관장
흉악한 놀이의 장난꾼과 전다라
외도 범지인 이교도들을 멀리하며,

또한 깨달은 체하는 증상만인과
소승에 집착하는 삼장 학자들
파계한 비구와 이름뿐인 아라한 그리고
희롱하기 좋아하는 비구니들과 사귀지 말고,

오욕락에 깊이 탐착한 채
현세에서 안락한 상태를 구하는
그런 재가 여성들과도
일절 교제하지 말라.

그런데 만약 그 사람들이 좋은 마음으로써
보살 있는 데를 찾아와 불법을 듣고자 하거든
보살은 두려움 없는 마음으로써
대가를 바라는 마음 없이 설법해 주도록 하라.

과부나 처녀
그리고 사내 아닌 남자들과
모두 가까이하여
친하게 지내지 말며,

짐승 잡는 백정이나 회치는 이
사냥꾼이나 어부들 같이
이익을 위해 살생하는
그런 사람들과도 가까이 지내지 말고,

고기 팔아 생활하며
몸을 파는 여자들
그와 같은 사람들과도
모두 교제하지 말고,

험상스럽게 서로 격투하는 자와
여러 가지 희롱하며 노는 자,
유녀나 모든 음탕한 여자들과
전부 사귀지 말라.

그리고 혼자 으슥한 곳에서
여인을 위해 설법하지 말고
만약 법을 설할 때에는
농담하며 실없이 웃지 말라.

마을에 들어가 걸식할 때에는
다른 비구와 같이 갈 것이며
만약 동행할 스님이 없거든
일심으로 염불하며 가도록 하라.

이것이 바로 보살의
올바른 수행 자세와 가까이할 영역이니,
이 두 가지 처신으로써
능히 안락하게 설법할 수 있으리라.

또다시 상·중·하의 법이나
유위법과 무위법
진실한 법과 진실하지 않은 법을
구태여 따지지 말고,

또한 남자다 여자다 분별하지 말며
모든 법을 얻으려 하지도 말고
알려거나 보려고도 하지 말지니
이것이 보살의 올바른 수행 자세니라.

모든 법은 공하여 있는 게 없기에
항상 머무는 것도 없고
또한 생기거나 사라지는 것도 없나니
이것이 지혜로운 자가 가까이할 영역이니라.

전도된 망상으로
모든 법이 있네 없네
이것이 옳네 옳지 않네
생기네 생기지 않네 분별하나니,

한가한 곳에 있으며
그 마음을 거두어 닦되
편안히 머물러 움직이지 않기를
수미산과 같이 하라.

일체법을 관하여도
아무것도 없나니
마치 허공에 견고한 것이
하나도 없는 것과 같아서,

생기지도 않고 나오지도 않으며
움직이지도 않고 물러나지도 않은 채
항상 일정한 모양으로 머물러 있음을 관찰할
지니
이것이 바로 수행자가 가까이해야 할 영역이
니라.

만약 어떤 비구라도 내 열반한 뒤에
올바른 수행 자세와
가까이해야 할 영역에 입각한다면

이 경을 설할 때에 겁날 것이 없으리라.

보살이 때때로
고요한 방에 들어가
올바른 생각으로써
이치에 맞게 법을 관찰하며,

선정으로부터 일어나서는
모든 국왕과 왕자·신하·백성 및 바라문들을
위하여
이 경전을 펼쳐 교화하고 선양하여 연설한다면
그 마음 편안하여 겁날 것이 없으리라.

문수사리보살이여,
이것을 말하여

보살이 후세에 법화경을 설하기 위해

안주해야 할 첫 번째 행법이라 하느니라.

"또 문수사리보살이여!

여래가 열반한 뒤 말법 세상 가운데에서 이 경을 연설하려면 응당 다음의 안락한 행법에도 머물러야 하느니라. 다시 말해 입으로 경전을 연설하거나 독경할 때, 남의 허물이나 경전의 허물을 말하는 것을 좋아해서는 안 되느니라. 또한 다른 법사들을 가벼이 업신여기지 말며, 다른 사람의 좋고 나쁜 잘잘못을 말하지 말아야 하느니라. 아무리 성문승을 구하는 사람이라도 역시 그 사람 이름을 불러가며 허물을 말하지 말고, 그 사람 이름을 불러가며 좋은 점을 찬탄하지도 말라. 또 마찬가지로 원망하고 싫어하는 마음도 품지 말지니라. 설법자가 그렇게 안락한 마음을 잘 닦게 되면, 따라서 듣는 청중들도 모두 그의 뜻을 어기지 않으리라.

그리고 만일 어려운 질문을 받거든 소승법으로써 대답하지 말고, 오로지 대승법으로써 해설해주어 듣는 사람들로 하여금 일체종지를 얻도록 해야 하느니라."

그때 세존께서 거듭 의미를 표현하시고자 게송으로 말씀하셨다.

보살은 항상 안락하게 설법하되
깨끗한 땅에 높은 자리 마련해서

기름을 몸에 발라
더러운 때 씻어버리고,

깨끗한 새 옷을 갈아입어
안과 밖을 함께 청결히 한 다음
법좌에 편안히 앉아서
물음에 따라 설법하여라.

어떤 비구·비구니·우바새·우바이와
국왕·왕자·대신·백성들에게도
미묘한 뜻으로써
온화한 얼굴로 설법해 줄지니,

만약 어려운 질문을 받거든
뜻에 맞게 대답해주되

인연과 비유를 들어서
알기 쉽게 자세히 분별하여 설명하여라.

이러한 방편으로써
듣는 사람 모두 발심케 하여
점점 공덕을 쌓아서
불도에 들게끔 하여라.

게으른 마음과 나태한 생각을 없애고
여러 쓸데없는 근심 걱정 떠나
오로지 자비한 마음으로
법을 설해야 하나니,

밤낮으로 늘 위없이 높은 진리의 가르침 설하되
갖가지 인연 이야기와 한량없는 비유로써

중생들에게 최고 가르침을 열어 보여
듣는 사람들 모두 즐겁고 기쁘게 하여라.

그렇지만 혹여 그 답례로
의복이나 이부자리
음식이나 의약품 등
그 중에 한 가지도 바라지 말고,

다만 일심으로 염원하기를
설법의 인연으로 반드시 불도를 이루고
듣는 청중들도 똑같이 불도 이루기만 바랄지니
이것이야말로 큰 이익이며 안락한 공양이로다.

내 열반한 뒤 어떤 비구라도
능히 이렇게 묘법연화경을 연설할 수 있다면

마음에 질투와 성냄 등 온갖 번뇌와 장애가

사라져

근심할 것도 없고 걱정할 것도 없으며,

누구도 그를 욕하거나 꾸짖을 수 없고

또 두렵게 할 수도 없을 뿐만 아니라

칼·몽둥이 따위로 때리거나 쫓아낼 수도 없

나니

바로 인욕에 안주했기 때문이니라.

지혜로운 자가 이와 같이

그 마음을 잘 닦는다면

내 앞서 말한 대로

능히 안락함에 머물 수 있으리니,

그 사람의 공덕은
천만억 겁의 세월 동안에
어떤 숫자나 비유로도
능히 다 말할 수 없으리라.

"또 문수사리보살이여!

보살마하살이 미래 말법 세상에서 법이 없어지려고 할 때, 이 경전을 받아 지니고 읽고 외우는 사람은 질투하고 아첨하며 속이는 마음을 품지 말아야 하느니라. 또한 불도를 공부하는 자에 대해 가볍게 여겨 나무라거나, 그의 잘잘못을 찾아내려 해서도 안 되느니라. 설사 성문을 구하거나 벽지불을 구하거나 보살도를 구하는 비구·비구니·우바새·

우바이들이 있더라도, 그들을 괴롭혀서 곤혹스럽게 하려고 다음과 같이 말해서는 안 되느니라.

'너희들은 진리와 거리가 너무 떨어져서 마침내 일체종지를 얻을 수 없을 것이다. 왜냐하면 너희들은 방일하기 짝이 없는 사람들로 도를 닦는 데 너무 게으르기 때문이다.'

또 응당 모든 법을 희론하여 다투는 일이 있어서도 안 되느니라. 그리고 마땅히 일체 중생들을 크게 불쌍히 여기며, 모든 여래를 인자하신 아버지라고 생각해야 하느니라. 또 모든 보살들을 큰 스승으로 생각해서, 시방의 여러 대보살들을 항상 마음속 깊이 공경하고 예배해야 하느니라. 또한 모든 중생들에게 평등하게 설법하되, 법에 수순하는 까닭에 가르침을 더하지도 말고 빼지도 말아야 하느니라. 심지어 법을 깊이 사랑하는 자일지라도 역시 지나치게 많이 보태 설해서는 안 되느니라.

문수사리보살이여!

보살마하살이 미래 말법 세상에 법이 없어지려고 할 때 이 세 번째 안락한 행법을 성취한다면, 이 가르침을 설할 때 어떤 것도 그를 괴롭힐 수 없으리라. 좋은 도반을 얻어서 함께 이 경전을 읽고 외우며, 또한 대중들이 찾아와서 가르침을 듣고 받으리라. 대중들이 법을 들은 뒤에는 능히 간직할 것이고 간직한 뒤에는 능히 외우며, 외운 뒤에는 설할 수 있으리라. 또 설한 다음에는 능히 쓰거나 남을 시켜 쓰게 할 뿐 아니라, 경책에 공양하며 공경하고 존중히 찬탄하리라."

그때 세존께서 거듭 의미를 표현하시고자 게송으로 말씀하셨다.

만약 법화경을 연설하려거든
마땅히 질투하고 성내며 교만한 마음과
아첨하고 기만하며 삿되고 거짓된 마음 다
버리고
항상 바르고 정직한 행을 닦도록 하여라.

남을 가벼이 업신여기지 말며
또한 법을 함부로 희론하지 말고

'네까짓 게 무슨 성불이냐!' 말하여
남들로 하여금 곤혹스럽게 하지 말라.

불자가 설법하려면
항상 부드럽고 온화하게 잘 참으며
일체를 사랑하고 불쌍히 여김과 동시에
게으른 마음을 내지 말아야 하느니라.

시방의 모든 대보살들도
중생을 가엾이 여겨 도를 수행하시니
응당 공경하는 마음을 내어
거룩하신 스승님으로 섬기고,

모든 부처님 세존을
위없이 가장 좋은 아버지로 생각하여

교만한 마음을 깨뜨린다면
설법하는 데 아무런 장애가 없으리라.

세 번째 행법 이와 같으니
지혜로운 자가 잘 지켜서
일심으로 안락한 행법을 따른다면
한량없는 중생들이 공경하리라.

"또 문수사리보살이여!

보살마하살로서 미래 말법 세상에 법이 없어지려고 할 때 이 법화경을 간직하는 자가 있다면, 재가 신도나 출가한 스님들께 크게 자비한 마음을 내어야 하느니라. 또한 보살이 아닌 다른 사람들에게는 크게 불쌍히 여기는 마음을 내어서, 응당 다음과 같이 생각해야 하느니라.

'아, 이 사람들이 엄청나게 큰 손실을 보겠구나. 여래께서 방편으로 근기에 맞게 설법하셨거늘, 그런 것에 대해 전혀 듣지 못하고 알지 못하며 깨닫지 못하고 묻지도 못하며 믿지 못하고 이해하지 못하다니……. 그러나 이 사람들이 지금은 비록 이 경전에 대해 묻지도 못하고 믿거나 이해하지도 못하지만, 내가 아뇩다라삼먁삼보리를 얻을 때에는 반드시 어느 곳에 중생이 있든지 신통력과 지혜의 힘으로써 인도하여 꼭 이 가르침 안에 머물게 하리라!'

문수사리보살이여!

보살마하살로서 여래가 열반한 뒤 이 네 번째 행법을 성취하는 자가 있다면, 이 가르침을 연설할 때에 아무런 과실이 없으리라. 그래서 항상 비구·비구니·우바새·우바이·국왕·왕자·대신·백성·바라문·거사들이 공양하고 공경하며 존중히 찬탄하리라. 또한 허공의 모든 하늘나라 천신들도 법을 듣기 위해 늘 따라다니며 모시리라. 혹시 마을이나 도시 또는 한적한 숲속에 있을 때 어떤 사람이 와서 어려운 것을 묻더라도, 모든 하늘천신들이 밤낮으로 항상 법을 위해 호위하므로 듣는 자로 하여금 모두 기쁘게 할 수 있으리라. 왜냐하면 이 경은 바로 과거 현재 미래의 일체 부처님들께서 신통력으로 보호해주시기 때문이니라.

문수사리보살이여! 이 법화경은 한량없이 많은 세계 가운데에서 심지어 그 이름조차 듣기가 어렵거늘, 하물며 직접 경전을 보고서 받아 지니고 읽고 외우는 일이란 얼마나 어려운 일이 되겠느냐!

문수사리보살이여!

예를 들어 강력한 전륜성왕이 그 당당한 위세로써 모든 나라들을 항복시키려고 하는데, 여러 작은 나라 왕들이 명령에 순종하지 않는다면 전륜성왕은 당장 여러 군사들을 거느리고 토벌하러 가리라. 이윽고 왕은 병사들 중에서 싸움에 공이 있는 자를 보면 크게 환희하여 공로에 따라 상을 주나니, 논밭이나 집

또는 마을과 도시를 상으로 주기도 하며 혹은 의복이나 몸을 단장하는 장신구를 주기도 하리라. 또 여러 가지 보배인 금·은·유리·자거·마노·산호·호박과 코끼리·말·수레 따위와 혹은 노비와 백성들을 주리라.

그러나 오직 상투 속에 간직한 밝은 구슬만은 주지 않는 법이니, 왜냐하면 이 구슬은 세상에서 오직 하나 전륜성왕의 정수리에만 있기 때문이니라. 이 구슬까지 준다면 왕의 모든 권속들은 반드시 크게 놀라서 어리둥절해 하리라.

문수사리보살이여!

여래도 또한 그와 같아서 선정과 지혜의 힘으로써, 법의 국토를 얻어 삼계의 왕이 되었느니라. 그런데 모든 마왕들이 기꺼이 순종하지 않으면 여래의 모든 장수들, 곧 현자와 성인들이 마왕들과 함께 싸우느니라. 그리하여 싸움에 공로가 있는 자에게는 여래도 역시 마음으로 환희하며, 사부대중 가운데에서 여러 경전들을 설해 그들 마음을 기쁘게 하느니라. 그래서 선정과 해탈, 무루의 오근과 오력 등 많은 법의 재물을 나눠주느니라. 게다가 또 열반의 성읍을 주며 열반을 얻었다고 말하여, 그들 마음을 인도해 모두 환희롭게 하느니라. 그렇지만 이 법화경만은 쉽사리 설해주지 않는 법이니라.

문수사리보살이여!

그러나 저 전륜성왕이 모든 군사들 가운데

에서 공로가 가장 탁월한 자를 보게 된다면 마음속으로 아주 크게 환희하리라. 그래서 믿기 어려운 보배구슬을 상투 속에 오랫동안 간직한 채 함부로 남에게 보여주지 않다가 그제서야 내어 주리라.

여래도 역시 그와 마찬가지로 삼계 가운데 대법왕이 되어, 바른 법으로써 일체 중생들을 교화하느니라. 그런데 현자와 성인 군사들이 오음마·번뇌마·사마 따위 등과 함께 싸워서 큰 공훈을 세우고, 삼독을 없앰은 물론 삼계에서 벗어나 마왕의 그물까지 깨뜨리는 걸 보게 된다면 여래도 그때 크게 환희하리라. 능히 법화경이 중생들을 일체지에 이르게 할 수 있지만, 모든 세간에 원망이 많아서 잘 믿기가 어렵기에 여래까지 설하지 않고 있다가 그제서야 설해주는 것이니라.

문수사리보살이여!

이 법화경은 바로 모든 여래의 제일 으뜸가는 설법이니라. 즉 모든 설법 가운데에서 그 뜻이 가장 심오하여 맨 나중에야 설하는 것이니라. 마치 저 힘센 전륜성왕이 오랫동안 밝은 구슬을 간직하다 나중에서야 주는 것과 마찬가지니라.

문수사리보살이여!

이 법화경은 모든 부처님 여래의 비밀한 법장으로 모든 경전들 가운데 가장 최고이니라. 그래서 기나긴 세월 동안 수호하며 함부로 말하지 않고 있다가, 비로소 오늘날에야 너희들에게 가르쳐주는 것이니라."

그때 세존께서 거듭 의미를 표현하시고자 게송으로 말씀하셨다.

항상 인욕을 행하고
일체 중생들을 불쌍히 여겨야
부처님 찬탄하시는 경을
능히 설할 수 있도다.

미래 말법 세상에 이 법화경을 지니는 자는
재가자나 출가자에게
그리고 보살 아닌 다른 이에게도
응당 자비한 마음으로 생각하되,

'이 경을 듣지 않고 믿지 못하여

이들은 엄청나게 큰 손실을 보겠구나!
내가 불도를 얻게 되면 온갖 방편으로라도
이 경을 설해주어
바른 가르침 안에 머물게 하리라!'

예를 들어 강력한 전륜성왕이
싸움에 공 있는 군사가 있으면
모든 물품을 상으로 나눠주리니
코끼리·말·수레·장신구와

그리고 많은 전답과 집
마을이나 성읍 따위를 주고
혹은 의복과 여러 가지 진귀한 보배들
노비와 재물들을 흔쾌히 주다가,

어떤 이가 용맹하고 굳세어
가장 힘든 공훈을 세우게 되거든
그때서야 비로소 상투 속에 간직했던
밝은 구슬을 꺼내어 주듯이,

여래도 또한 그와 같아서
모든 법의 왕이 되어
인욕의 큰 힘과 지혜의 보물창고를 지니고
대자대비로써 법답게 세상을 교화하되,

모든 사람들이 많은 고통 감수하며
해탈을 구해 마구니들과 싸우는 것을 보고
그 중생들 위해 갖가지 법을 설하며
큰 방편으로써 많은 경전들 연설하다가,

이미 중생들이 능력을 갖춘 걸 알게 되면
맨 나중에서야 이 법화경을 설해주나니
마치 왕이 상투를 풀어서
밝은 구슬을 꺼내주는 것과 같도다.

이 법화경은 존귀하여
여러 경전들 가운데 으뜸이므로
내 항상 수호하고 함부로 열어 보이지 않다가
지금 바로 적절한 때가 되어 너희들을 위해
설하노라.

내 열반한 뒤에
불도를 구하는 자들이
이 경을 안락하게 연설하려거든
응당 앞서 말한 네 가지 행법을 잘 익힐지니,

그렇게 법화경 읽는 자는
항상 근심 걱정이 없는 데다가
또 병이 없어 얼굴빛이 깨끗하고 희며
빈궁하고 하천한 데 살지 아니하고,

성현을 사모하듯
중생들이 보기 좋아하며
하늘의 동자들이
시자가 되어 모시리라.

칼과 몽둥이로 감히 법사를 때리지 못하고
독약도 능히 해치지 못하며
만일 누군가 법사를 욕설한다면
그 입이 곧 막혀지리라.

아무리 돌아다녀도
사자왕처럼 두려움이 없으며
지혜의 광명은
햇살처럼 찬란히 빛나리라.

혹 꿈속에서조차 좋은 일만 보리니
모든 여래께서 사자좌에 앉으사
여러 비구들에게 둘러싸여
설법하시는 꿈을 꾸게 되고,

또 항하의 모래알처럼 무수한
용과 천신·아수라들이 공손히 합장하거든
그 자신이 직접 그들을 위해
설법해주는 꿈을 꾸게 되며,

또 모든 부처님 몸은 황금빛이거늘
한량없는 광명으로 일체를 비추시는데
깨끗한 음성으로써
모든 법 연설하시는 광경을 보게 되리라.

부처님께서 사부대중 위하사
위없이 높은 법을 설하시거늘
자기 자신도 그 가운데 있는 것을 보되
합장한 채로 부처님을 찬탄하고 있으며,

이윽고 법을 듣자 환희한 마음으로 공양드리고
다라니 얻어 물러남 없는 지혜를 증득하거든
부처님께서 불도에 깊이 들어갔음을 아시고
최정각 이룰 것을 꿈에서 수기하여 말씀하시되,

'그대 선남자는 앞으로 오는 세상에
한량없이 지혜로운 부처님의 깨달음을 얻으리니,
국토는 맑고 깨끗하며 비길 바 없이 넓고 큰 데다
또한 사부대중이 있어 합장하고 법을 들으리라!'

또 자기 자신이 산 속에 있으면서
올바른 가르침을 익히고 닦아
모든 실상 증득하고 선정에 깊이 들어
시방의 모든 부처님들 친견하는 꿈을 꾸리니,

모든 부처님들의 몸은 황금빛이요
백 가지 상서로운 복덕으로 장엄하셨으며

부처님께 법을 듣고 나서 남을 위해 설법하는
항상 이런 좋은 꿈을 꾸리라.

또 꿈속에서조차 국왕이 되어
궁전과 친족 권속들 모두 버리고
오욕락을 마다하고 출가하여
도량에 나아가 보리수 밑 사자좌에 앉거늘,

그렇게 도를 구한 지 칠일만에
모든 부처님 지혜를 얻어서
위없이 높은 진리를 성취한 다음
다시 일어나 법륜을 굴리되,

사부대중 위해 천만억 겁 동안이나
무루의 묘법을 설하여 한량없는 중생들 제도

한 뒤
열반에 들 적엔 기름 다한 등잔불처럼
연기가 그치매 불빛도 자연 사라지는 꿈을
꾸리라.

만약 미래 오탁악세에서
제일 으뜸가는 이 법을 설한다면
그 사람은 여태까지 말한 공덕과 같은
큰 이익을 얻게 되리라.

제15 종지용출품

그때 다른 세계에서 온 보살마하살들이 무려 여덟 항하의 모래 수보다 훨씬 숫자가 많았는데, 모두 대중 속에서 일어나 합장하고 절하며 부처님께 사뢰었다.

"세존이시여!

저희들이 부처님께서 열반하신 후 이 사바세계에 남아 부지런히 정진하면서 이 경전을 지키고 간직하며 읽고 외우고 베껴 쓰고 공양하도록 허락해 주신다면, 당연히 이 사바세계에서 이 경을 널리 설하겠나이다."

그때 부처님께서 다른 세계에서 온 많은 보살마하살들에게 이르시었다.

"괜찮도다, 선남자들이여! 그대들까지 굳이 애써서 이 경을 지키며 간직하지 않아도 되느니라. 왜냐하면 우리 사바세계에는 본디 육만 항하의 모래알처럼 많은 보살마하살들이 있으며, 또 그 보살 한 명마다 각각 육만 항하의 모래알처럼 많은 제자들이 딸려 있느니라. 그 보살들이 모두 내가 열반하고 난 후에도 이 경을 지키고 간직할 뿐만 아니라 읽고 외우며 널리 설할 것이기 때문이니라."

부처님께서 이렇게 말씀하실 때에 사바세

계의 삼천대천 온 세계 땅이 죄다 진동하며 갈라지더니, 그 속에서 한량없는 천만억 보살마하살들이 동시에 솟아올라왔다. 그 보살들은 모두 황금빛의 몸에다 삼십이상을 갖추었고, 한량없는 광명으로 눈이 부시었다. 그들은 아주 오랜 옛날부터 이 사바세계 아래의 허공 가운데 머물고 있었는데, 석가모니 부처님께서 말씀하시는 음성을 듣고는 당장 땅속에서 솟아올라온 것이었다.

보살 한 분마다 모두 대중을 통솔하는 스승으로서, 각각 육만 항하의 모래알처럼 많은 제자들을 거느리고 있었다. 하물며 오만·사만·삼만·이만·일만 항하의 모래알 같은 제자들을 거느리고 온 보살들은 훨씬 더 숫자가 많았다. 더욱이 항하의 모래알과 똑같은 수의 제자들이나 그 절반에 해당하는 제자들, 또는 항하의 모래알 사분의 일에 해당하는 제자들, 하다못해 항하의 모래알 천만억 나유타분의 일에 해당하는 제자들을 거느리고 온 보살들은 더욱 헤아릴 수 없을 지경이었다. 게다가 천만억 나유타 수의 제자들과 억만 명이나 천만 명·백만 명·만 명의 제자들을 거느리고 온 보살들은 그보다 수도 없이 많았다. 거기다 천 명·백 명·열 명의 제자들을 거느리고 온 보살들은 정말 부지기수였다. 더욱이 다섯 명이나 네 명·세 명·두 명 혹은 한 명의 제자만 거느리고 온 보살들은 그야말로 말할 수 없었다. 하물며 거기에다 번거로운 것을 싫어해 혼자서 온 보살들은 이루 헤아릴 수 없이 많았으니, 그와 같은 보살들은 한량없고 끝이 없어서 어떤 숫자나 비유로도 알 수가 없을 정도였다.

그 많은 보살들은 전부 땅속에서 솟아 나와서, 각각 하늘 한가운데 떠 있는 아름다운 칠보탑 속의 다보여래와 석가모니 부처님 처소로 나아갔다. 이윽고 도착하자 보살들은 두 분 세존을 향해 머리 숙여 부처님 발에 절하였다. 그리고 모든 보배나무 밑의 사자좌 위에 앉아 계신 분신부처님들 처소에 가서도 역시 공손히 절하였으며, 오른쪽으로 세 번씩 돌고는 합장하고 공경하였다. 이렇게 보살들이 찬탄하는 갖가지 법식으로써 부처님을 찬탄하고는 한쪽으로 물러나 두 분 세존을 하염없이 기쁘게 우러러보았다.

그 모든 보살마하살들이 처음 땅에서 솟아나와 보살들이 찬탄하는 갖가지 법식으로써 부처님을 찬탄한 시간만 해도 자그마치 오십 소겁이나 걸렸다. 그런데도 당시 석가모니 부처님께서는 말없이 앉아만 계셨고, 모든 사부대중들도 마찬가지로 그냥 말없이 앉아 있었다. 오십 소겁이라는 어마어마한 세월이 부처님의 신통력 덕분에 모든 대중들에게 흡사 반나절처럼 짧게 여겨졌던 것이었다.

그때 사부대중은 역시 부처님의 신통력 덕분에 많은 보살들이 한량없는 백천만억 세계의 허공 가운데 가득 찬 것을 보았다.

그 보살들 가운데 네 명의 지도자가 있었으니, 첫째는 상행보살이요, 둘째는 무변행보살이며, 셋째는 정행보살이고, 넷째는 안립행보살이었다. 이 네 명의 보살님들은 보살들 가운데 가장 으뜸가는 대표이자 무리를 이끄는 법사로서, 보살대중 앞에서 각각 서로 합장한 채 석가모니 부처님을 우러러 문안을 여쭈었다.

"세존이시여! 아프신 데 없으시고 걱정도 없으시며, 편안하게 지내셨습니까? 제도 받는 중생들은 가르침을 순순히 잘 받아들이는지요? 혹시 세존을 피로하게 하지는 않습니까?"

그때 네 명의 대보살들이 게송으로 사뢰었다.

세존께서는 안락하시어
병도 없고 걱정도 없으시며,
행여 중생을 교화하시느라
피로하시지는 아니하십니까?

또 모든 중생들은
교화를 잘 받아들이는지요?
혹여 세존으로 하여금
수고스럽게 하지는 않습니까?

그때 세존께서 보살대중들 가운데에서 이렇게 말씀하셨다.

"그래그래, 모든 선남자들이여! 여래는 안락하여 병도 없고 걱정도 없느니라. 모든 중생들은 교화하고 제도하기 쉬워서, 별로 피로하지 않느니라. 왜냐하면 이 여러 중생들은 옛날부터 태어날 적마다 항상 나의 교화를 받아왔으며, 또한 과거 모든 부처님들을 공경하였고 존중하여 많은 선근을 심어왔기 때문이니라. 그래서 이 중생들은 처음 나의 몸을 보고 나의 설법을 듣자마자, 모두들 믿고 받아들여 바로 여래의 지혜에 들어갔느니라. 다만 먼저 소승의 가르침을 배워서 닦고 익혔던 사람만은 제외되었으나, 그런 사람들도 내가 이제 법화경을 듣게 해서 부처님 지혜로 들어가게끔 하리라."

그때 대보살들이 게송으로 사뢰었다.

거룩하시고 거룩하시어라!

큰 영웅이신 세존이시여!
많은 중생들이
쉽게 교화되어,

능히 모든 부처님의
깊은 지혜에 대해 여쭈오며
법문을 듣고는 믿고 실천한다 하니
저희들도 덩달아 기쁘기 한량없나이다.

이때 세존께서 대표인 네 명의 대보살들을 찬탄하셨다.

"착하고 착하도다, 선남자들이여! 그대들이 능히 여래의 일을 함께 기뻐하다니, 참으로 훌륭하구나!"

그때 미륵보살과 팔천 항하의 모래알처럼 많은 보살들이 모두 이렇게 생각하였다.

'우리들은 예로부터 지금까지 이렇게 많은 대보살마하살들이 땅에서부터 솟아 나와, 세존 앞에 서서 합장하고 공양하며 여래께 문안 여쭙는 것을 보지도 듣지도 못하였도다.'

당시 미륵 보살마하살은 팔천 항하의 모래알처럼 많은 보살들이 저마다 마음속으로 의심하고 있는 것을 짐작하고 있거니와, 또 자기 자신도 궁금한 것을 해결하기 위해 부처님을 향하여 합장하고 게송으로 여쭈었다.

한량없는 천만억 대중의

수없이 많은 보살들을
여태껏 한 번도 본 적이 없나니
양족존이시여, 부디 설명해주소서!

이 보살들은 어디에서 왔으며
무슨 이유로 모였나이까?
거대한 몸에 큰 신통력 갖추고
지혜 또한 헤아릴 수 없으며,

뜻과 생각이 견고한 데다
인욕하는 힘도 커서
중생들이 보기 좋아하거니
대체 어느 곳에서 왔나이까?

보살 한 분마다

거느리고 온 제자들
그 수효 헤아릴 수 없어
항하의 모래알처럼 무수하거늘,

혹 어느 대보살은
육만 항하의 모래알 같은 제자들 거느렸는데
그처럼 많은 대중들이
일심으로 불도를 구하되,

그 여러 위대한 법사들
육만 항하의 모래알 같은 제자들과
모두 함께 와서 부처님께 공양하며
이 경전을 지키고 간직하더이다.

오만 항하의 모래알 같은 제자들을

거느린 보살들은 그보다 훨씬 많으며
사만·삼만·이만·일만 항하의 모래알 같은
제자들
거느린 보살들은 더더욱이나 많고,

천 항하에서 백 항하의 모래알 같은 제자들
심지어 항하의 모래알과 똑같은 수이거나
절반의 제자들
또는 삼분의 일·사분의 일·억만분의 일에
해당하는
제자들 거느린 보살들은 그야말로 부지기수
이며,

천만 나유타 수의 제자들과
만억 명의 제자들

하다못해 오천만 명의 제자들을
거느린 보살들은 그보다 훨씬 무수할 뿐더러,

백만 명에서 만 명의 제자들이나
천 명에서 백 명 혹은 오십 명과 열 명의
제자들
하다못해 세 명이나 두 명·한 명의 제자만
거느린 보살들은 더 말할 수 없을 정도로
많고,

거기에다 홀로 있는 것을 좋아해
제자도 없이 부처님 처소에
혼자서 온 보살들까지 거론하자면
그 수효 무지무지해 이루 헤아릴 수 없나니,

이와 같은 모든 대중들을
누군가 숫자로 헤아린다면
설사 항하의 모래알처럼 오랜 세월 흐르더라도
다 알 턱이 없을 정도로 많사옵니다.

큰 위덕을 갖춘 채
정진하는 이 보살대중들을
누가 설법하여
교화하고 성취시켰으며,

누구를 따라 맨 처음 발심하였고
어떤 부처님 법을 찬탄하였으며
어떤 경전을 수지하였고
어떤 불도를 닦아 배웠나이까?

이러한 모든 보살들은
신통력과 큰 지혜의 힘으로
사방의 땅이 저절로 갈라지매
그 안에서부터 모두 솟구쳐 나오거늘,

세존이시여,
저는 옛적부터 지금까지
일찍이 이런 일은 처음 보나니
그들이 어느 세계에서 왔는지라도 가르쳐주
소서!

제가 늘 여러 세계들을 다녀봤지만
이런 대중들은 본 적이 없나이다.
이 많은 보살들 가운데
도무지 한 분도 아는 이가 없건만,

이렇게 홀연히 땅에서 솟아 나오게 된
그 사연을 제발 좀 말씀해주소서!
지금 이 법회의 한량없는 백천억 보살들도
마찬가지로 모두 알고 싶어하오니,

이 많은 보살들의
처음과 나중 사연을 설명해주소서!
한량없는 덕 구비하신 세존이시여,
부디 대중의 의심을 풀어주소서!

그때 한량없는 천만억 타방 세계로부터 오신 석가모니 부처님의 모든 분신부처님들께서 여덟 방위의 보배나무 밑 사자좌 위에 가부좌를 맺고 앉아 계셨는데, 그 부처님의 시자들도 많은 보살대중들이 삼천대천의 온 세계 사방 땅속에서 솟아올라와 허공 한 가운데 떠 있는 것을 보고 놀라서 각기 자기가 섬기는 부처님께 여쭈었다.

"세존이시여! 이 모든 한량없고 끝이 없는 아승기 수의 보살대중들은 대체 어느 곳에서 왔습니까?"

그때 모든 분신부처님들께서 각기 시자들에게 이르시었다.

"선남자여, 잠깐만 기다려라. 여기에 미륵이라 부르는 한 보살마하살이 있는데, 석가모니 부처님께 수기를 받고 다음에 부처님이 될 보살이니라. 그 보살이 이미 이 일에 대해 여쭈었으니, 이제 곧 석가모니 부처님께서 대답하실 것이니라. 그러면 너희도 자연 그로 인해 듣게 되리라."

그때 석가모니 부처님께서 미륵보살에게 이르시었다.

"장하고 장하도다, 아일다보살이여!

능히 부처님께 이 같이 중요한 사항에 대하여 질문하다니, 참으로 훌륭하도다!

그대들은 마땅히 다함께 일심으로 정진의 튼튼한 갑옷을 입고, 견고한 마음을 굳게 다지도록 하여라. 여래가 이제 모든 부처님의 지혜와 자재한 신통력과 사자처럼 용맹스럽게 떨쳐 일어나는 힘과 위엄 있고 용맹한 큰 세력을 나타내 펼쳐 보여주겠노라."

그때 세존께서 거듭 의미를 표현하시고자 게송으로 말씀하셨다.

마땅히 일심으로 정진하라
내 그 사연에 대해 말하리니
절대로 의심하지 말라
부처님 지혜는 불가사의하니라.

그대들은 이제 믿음의 힘을 내어
인욕과 올바름 속에 머물지니,
예전에 듣지 못했던 법을
지금 마땅히 모두 듣게 되리라.

내 이제 그대들을 위로하건대
절대로 의심하거나 두려워하지 말라.

부처님은 거짓말하지 아니하며
부처님 지혜는 가히 헤아릴 수 없느니라.

부처님이 증득한 제일 으뜸가는 법은
너무 깊어서 분별할 수 없지만,
이제 곧 설할 것이니
그대들은 일심으로 들으라.

그때 세존께서 게송을 설하신 다음 미륵보살에게 이르시었다.

"내가 지금 이 대중 가운데에서 그대들에게 이르노라.

아일다보살이여!

그대들이 예전에 한 번도 보지 못했던 무량

무수한 아승기 수의 땅속에서 나온 대보살마하살들은, 사실 내가 사바세계에서 아뇩다라삼먁삼보리를 얻은 뒤에 그 모든 보살들을 교화하고 인도했으며, 그들의 마음을 조복해서 진리를 구하는 마음을 내게 하였느니라. 그 모든 보살들은 전부 이 사바세계 아래 허공 가운데에서 살고 있느니라. 그들은 모든 경전들을 읽고 외워서 막힘없이 통달하고 있으며, 깊이 사색하여 뜻을 잘 분별할 뿐만 아니라 바르게 기억하고 있느니라.

아일다보살이여!

그 모든 선남자들은 대중 속에서 많이 떠들며 사귀는 것을 좋아하지 않고 늘 조용한 곳을 좋아하되, 부지런히 정진하며 잠시도 그냥 쉬지 않느니라. 또한 인간이나 천신들 틈에서 그럭저럭 지내지 않고, 항상 깊은 지혜를 좋아해 막히거나 걸림이 없느니라. 더욱이 그 보살들은 모든 부처님 법을 좋아하여, 일심으로 한결같이 정진하며 위없이 높은 지혜를 구하고 있느니라."

그때 세존께서 거듭 의미를 표현하시고자 게송으로 말씀하셨다.

아일다보살이여, 마땅히 명심할지니
그 모든 대보살들은
아주 헤아릴 수 없이 오랜 세월 동안에
부처님 지혜를 갈고 닦아 배워왔노라.

모두 다 내가 교화하여
큰 진리 구하는 마음을 내도록 했나니
그들은 바로 나의 제자들로서
이 사바세계 의지하여 머물되,

언제나 두타행을 닦으며
마음에 조용한 곳을 좋아하고
대중의 번잡함과 시끄러움을 떠나
수다스럽게 떠드는 것을 싫어하노라.

이러한 모든 제자들이
나의 도법을 배우고 익히면서
밤낮으로 불도를 위해 늘 정진하며
이 사바세계 아래의 허공 가운데 있거늘,

뜻과 생각하는 힘이 견고하여
항상 부지런히 지혜를 구하고
갖가지로 미묘한 법을 연설하되
그 마음에 전혀 두려움이 없노라.

내 가야성의
보리수 아래 앉아서
최정각을 이루고
위없이 높은 법의 바퀴를 굴리며,

그들을 교화하여
처음으로 진리의 마음을 내도록 해서
지금은 모두 불퇴전의 경지에 올랐고
미래에는 모두 성불하리라.

내 지금 하는 말은 전부 사실이니
그대들은 일심으로 믿으라.
나는 아주 오랜 옛적부터
그 보살대중들을 교화했노라.

그때 미륵 보살마하살과 무수한 보살들이 마음속으로 의심하며, 난생 처음 듣는 일이라 의아해 하면서 이렇게 생각하였다.

'어떻게 세존께서 그토록 짧은 시간 안에 이처럼 무량무변한 아승기 수의 많은 대보살들을 교화하여, 아뇩다라삼먁삼보리에 머무르게 하셨단 말인가?'

이윽고 미륵보살이 부처님께 여쭈었다.

"세존이시여!

여래께서는 태자로 계실 적에 석가족의 궁궐에서 나와, 가야성에서 별로 멀지 않은 도량에 앉으시어 아뇩다라삼먁삼보리를 이루셨나이다. 그로부터 지금까지 불과 사십 년밖에 되지 않았거늘, 세존께서 어떻게 그 짧은 기간 동안에 이런 엄청난 불사를 하셨단 말입니까? 정말 그 짧은 세월 동안 부처님의 세력과 공덕으로써 이렇게 한량없는 대보살 무리들을 교화하여 아뇩다라삼먁삼보리를 이루게 하셨단 말씀입니까?

세존이시여! 이 대보살 무리들은 가령 어떤 사람이 천만억 겁의 오랜 세월 동안 헤아린다 하더라도, 다 세지도 못할 뿐 아니라 끝도 알 수 없을 정도이옵니다. 더구나이 보살들은 오랜 옛날부터 지금까지 무량무변하게 많은 부처님들 처소에서, 여러 선근을 심어 보살도를 완성했으며 항상 깨끗하게 범행을 닦아오지 않았습니까? 그러므로 세존이시여, 이런 일은 너무 황당하여 세상에 정말 믿기 어렵나이다.

가령 어떤 사람이 얼굴빛도 곱고 머리털까지 검어서 나이가 스물다섯 살밖에 안 되어 보이는데, 백 살 먹은 노인더러 '내 아들'이라 말하고 백 살 노인 역시 청년을 가리켜서 '우리 아버지이며 우리들을 낳아 길러주셨다' 한다면 이 일을 쉽게 믿을 수 있겠나이까?

부처님께서도 그와 마찬가지로 깨달음을 얻으신 지는 사실 얼마 되지 않았습니다.

그런데 이 대중의 여러 보살들은 이미 한량없는 천만억 겁 훨씬 전부터 불도를 위해서 부지런히 정진하지 않았습니까? 그리하여 한량없는 백천만억의 온갖 삼매에도 잘 들어갔다가 나오고 머무를 뿐 아니라 대신통력까지 얻었습니다. 게다가 오랫동안 범행을 닦아서 여러 훌륭한 법들을 차근차근 잘 익혔고, 문답에도 능숙하여 사람 가운데 보배이자 모든 세상에서 매우 드문 존재이옵니다. 그러하거늘 오늘 세존께서는 바야흐로 이르시기를,

'내가 불도를 얻었을 때 처음 그들을 발심하게 하여 교화했으며, 그들을 인도해서 아뇩다라삼먁삼보리로 나아가게 하였도다.'

이렇게 말씀하시니 참 알 수가 없습니다. 세존께서 부처님 되신 지가 그리 오래되지 않았건만, 어떻게 이처럼 큰 공덕 불사를 실제로 지으셨단 말씀입니까?

저희들은 부처님께서 근기에 맞게 설법하시고 또 부처님께서 하시는 말씀은 조금도 거짓이 없다는 것을 믿습니다. 그리고 부처님께서는 모든 것에 전부 환히 통달하셨음을 틀림없이 믿고 있습니다. 그러나 부처님께서 열반하신 후에 처음 발심한 보살들은 부처님께서 성도하신 지 얼마 안 되어 이렇게 큰 불사를 하셨다는 말을 듣게 되면 혹 믿지 않을 수도 있을 것입니다. 그렇게 되면 자칫 법을 깨뜨리는 죄업의 인연을 저지르게 될 것입니다.

그러니까 제발 세존이시여, 원하옵건대 자세히 그것을 설명해주시어 저희들의 의심을 없애주소서! 그래서 앞으로 미래 세상의 모든 선남자들이 이 일을 듣고 난 다음에도 의심하지 않도록 해주소서!"

그때 미륵보살이 거듭 의미를 표현하고자 게송으로 사뢰었다.

옛날 석가족 궁궐에서 출가하시어
부처님께서 가야성 부근의
보리수 아래 앉으신 지가
그다지 오래되지 않으셨건만,

이 모든 불자들
헤아릴 수 없이 많으며
오랫동안 불도를 닦아
신통력에 안주하였고,

보살도를 잘 배워서
세간법에 물들지 않으니
마치 연꽃이 물속에 피어 있으나
물에 젖지 않는 것과 같나이다.

보살들이 땅속에서 솟아 나와 공경하는 마음으로
모두 세존 앞에 머물고 있거늘
도대체 상상하기도 어려운 이 일을
어찌 가히 믿을 수 있겠나이까?

부처님 득도하신 지는 불과 최근이온데
성취하신 바는 너무 많사오니
원컨대 대중의 의심이 없어지도록
여실히 분별하여 설명해주소서!

예를 들어 스물다섯 살의 젊고 씩씩한 청년이
백발성성한 주름진 얼굴의 백 살 먹은 노인더러
자기 아들이라 부르며
노인 역시도 청년을 아버지라 부르는 것과
같아서,

아버지는 젊고 아들은 늙었으니
온 세상이 믿지 못할 터인즉
세존께서도 또한 그와 마찬가지로
성도하신 지는 정말 얼마 되지 않으셨잖아요?

그런데 이 모든 보살들은
뜻이 견고하여 겁내거나 나약하지 않으며
한량없이 오랜 세월 동안에
보살도를 구족히 닦아서,

어려운 질문에도 잘 대답하고
마음에 아무 두려움이 없는 데다가
인내심 깊고 단정하며 위덕까지 구비해
시방 부처님들의 찬탄을 받는 것은 물론,

뜻을 제대로 분별해서 설법을 잘하면서도
시끄러운 대중 속에 있기보다는
항상 선정에 들기를 좋아하되
불도를 구하느라 아래 허공 가운데 있나니,

저희들은 직접 부처님께 듣사와
이 일을 별로 의심하지 않건만
부처님이시여, 부디 미래 중생을 위해
사연을 말씀해주시어 까닭을 밝혀주소서!

만약 누군가 이 경을
의심하고 믿지 않는다면
당연히 악도에 떨어지리니
제발 지금 설명해주소서!

이 한량없는 보살들을
어떻게 그처럼 짧은 시간 안에
정말 부처님께서 교화하시고 발심케 하여
불퇴전 경지에 머물게 하셨나이까?

제16 여래수량품

그때 부처님께서 여러 보살들을 비롯한 일체 대중들에게 이르시었다.

"모든 선남자들이여! 그대들은 마땅히 여래가 하는 진실한 말을 믿고 이해해야 하느니라."

다시 모든 대중들에게 이르시었다.

"그대들은 마땅히 여래가 하는 진실한 말을 믿고 이해해야 하느니라."

또다시 모든 대중들에게 이르시었다.

"그대들은 마땅히 여래가 하는 진실한 말을 믿고 이해해야 하느니라."

이때 보살들은 미륵보살을 선두로 하여 모두 합장한 채 부처님께 사뢰었다.

"세존이시여, 제발 어서 말씀해 주시옵소서!

저희들은 마땅히 부처님 말씀을 믿고 받아들이겠습니다."

이와 같이 세 차례 여쭙고 나서 또다시 사뢰었다.

"제발 어서 말씀해 주시옵소서!

저희들은 마땅히 부처님 말씀을 믿고 받아들이겠습니다."

그때 세존께서는 모든 보살들이 세 번이나

간청하고도 계속 청하는 것을 보시고 이렇게 말씀하셨다.

"그대들은 여래의 비밀한 신통력에 대하여 자세히 들으라. 일체 세간의 하늘천신과 인간 그리고 아수라 등 모든 중생들은 전부 현재의 석가모니불이 석가족의 궁궐에서 나와, 가야성에서 가까운 도량에 앉아 아뇩다라삼먁삼보리를 얻었다고들 알고 있느니라. 그러나 선남자들이여, 사실 내가 성불한 지는 벌써 한량없고 끝없는 백천만억 나유타 겁이 지났느니라.

가령 오백천만억 나유타 아승기 수의 어마어마한 삼천대천 온 세계들을 어떤 사람이 작은 티끌로 만들어서, 동쪽으로 오백천만억 나유타 아승기 수의 세계들을 지나칠 때마다 티끌 한 점씩을 떨어뜨렸다고 하자. 모든 선남자들이여! 이와 같이 동쪽으로 계속 가면서 그 티끌들을 다 떨어뜨렸다면 어떻게 생각하느냐? 그 지나친 세계들을 추측하고 헤아려서 몇 나라들인지 숫자로 파악할 수 있겠느냐?”

미륵보살과 다른 모든 보살들이 함께 부처님께 사뢰었다.

“세존이시여! 그 세계들은 한량없고 끝이 없어서, 숫자로 계산하여 파악할 수 없고 또한 생각의 힘으로도 추론할 수 없습니다. 일체 성문과 벽지불들이 무루의 지혜로써 생각하더라도 어느 정도인지 가늠할 수조차 없습니다. 더욱이 저희들은 불퇴전의 아유월치 지위에 머물러 있는데도, 그런 일에 대해서는 역시 속수무책으로 짐작도 할 수 없습니다. 세존이시여, 그렇게 지나친 세계들은 너무 많아서 한량없고 끝이 없사옵니다."

그때 부처님께서 대보살들에게 이르시었다.

"모든 선남자들이여, 이제 분명히 그대들에게 말하노라.

작은 티끌이 떨어진 곳과 떨어지지 않은 모든 세계들을 다시 전부 먼지 티끌로 만들어, 먼지 티끌 하나를 일 겁으로 친다고 하자. 그렇더라도 내가 성불한 지는 그보다 훨씬 많아, 무려 백천만억 나유타 아승기 겁의 세월보다도 더 오래되었느니라. 성불한 이래로 나는 항상 이 사바세계에 있으면서 법을 설하여 교화하였고, 또한 그 밖의 다른 백천만억 나유타 아승기 수의 많은 세계들 속에서도 중생들을 인도하여 이롭게 하였느니라.

모든 선남자들이여!

그런 동안에 나는 연등불과 다른 부처님들을 이야기했으며, 또 그 부처님들께서 열반에 드셨다고 말하였느니라. 하지만 그와 같은 것들은 모두 방편으로써 일부러 분별하여 말했던 것이니라.

모든 선남자들이여!

어떤 중생이든지 나의 처소에 오면 나는 부처의 안목으로써, 그의 신근을 비롯한 오근이 잘 다듬어졌는가 그렇지 않은가를 자세히 살피느니라. 그리고 어떻게 하면 그가 제도될 것인가에 따라, 여러 곳곳에서 스스로 이름도 다르고 수명이나 기간도 많거나 적게 하여 달리 말하느니라. 게다가 앞으로 열반에 들 것이라 말하기도 하고, 또 여러 가지 방편으로써 미묘한 법을 설하여 능히 중생들로 하여금 환희한 마음을 내게 하느니라.

모든 선남자들이여!

이를테면 소승법을 좋아하는 중생들이 공덕은 작은데 죄업만 무거운 것을 보게 되면, 여래는 그런 사람들을 위하여 '나는 젊어서 출가하여 아뇩다라삼먁삼보리를 얻었다'고 말하였느니라. 그러나 사실 내가 성불한 지는 앞서 말한 대로 매우 오래되었거늘, 다만 방편으로써 중생을 교화하여 불도에 들게 하기 위해서 그와 같이 말한 것이니라.

모든 선남자들이여!

여래가 연설한 경전들은 모두 중생을 제도하고 해탈시키기 위한 것이므로, 자신의 몸이나 타인의 몸에 대해 말해주느니라. 혹 자신의 몸이나 타인의 몸을 보여주기도 하고, 어떤 경우에는 자신의 행적이나 타인의 행적을 보여주기도 하느니라. 하지만 여래가 말한 모든 내용들은 전부 진실이며 헛되지 않느니라. 왜냐하면 여래는 삼계 우주의 진실한 모양을 있는 그대로 정확히 파악하고 있기 때문이니라. 즉 실상은 나고 죽음이 없음에 들어가거나 나오는 것도 없고 또한 세상에 존재하거나 열반하는 것도 없어서, 실재하는 것도 아니지만 없는 것도 아니며 같지도 않고 다르지도 않느니라. 말하자면 삼계의 어리석은 중생이 삼계를 인식하는 것과는 차원이 달라서, 이러한 사항을 여래는 분명히 보기에 절대 착오가 없느니라.

하지만 여러 중생들은 갖가지 성품과 욕망 그리고 갖가지 행동과 기억·관념·분별 망상 따위에 휩싸여 있으므로, 그 중생들에게 많은 선근이 생기도록 다양한 인연과 비유와 온갖 말로써 가지가지 법문을 하는 것이니라. 그러한 불사를 여래는 잠깐도 소홀히 하여 그만둔 적이 없느니라.

이와 같이 내가 성불한 지는 매우 오래되었고, 수명도 한량없는 아승기 겁으로 열반에 들지 않은 채 항상 살아 있느니라. 게다가 선남자들이여! 내가 본래 보살도를 닦아서 이룬 수명만 하더라도 지금껏 아직 다하지 아니했나니, 다시 앞서 말한 숫자의 족히 두 배는 될 것이니라.

그런데 지금 실제로 열반하는 것도 아니면서 '앞으로 열반할 것이다'라고 말하나니, 여래는 그런 방편으로써 중생들을 가르쳐 교화하느니라. 왜냐하면 부처님께서 세상에 오래 계신다고 하게 되면, 공덕이 부족한 사람들은 아주 태만해져서 선근을 심지 않느니라. 그러면 더욱 빈궁하고 하천하게 되며,

오욕락만 탐착하여 부질없는 억측과 그릇된 소견의 그물에 걸리기 십상이기 때문이니라. 다시 말해 중생은 여래가 항상 곁에 머물러서 열반하지 않는 것을 보게 되면, 곧 방자하고 교만한 마음이 나서 정진하는 데 싫증내며 게으름을 피우게 되느니라. 결국 부처님을 뵙기가 정말 어렵다는 생각을 하지 못하게 되고, 부처님을 공경하는 마음 역시 내지 못하게 되느니라. 그러므로 여래는 방편으로써 다음과 같이 말하느니라.

'비구들이여, 마땅히 잘 명심하여라. 부처님들께서 세상에 출현하시는 것을 만나 뵙기란 대단히 어려운 일이니라!'

왜냐하면 공덕이 얇은 사람들은 한량없는

백천만억 겁이 지나게 되면 혹 부처님을 친견하는 자가 있기도 하지만, 그래도 친견하지 못하는 자들이 태반이기 때문이니라. 그렇기 때문에 내 말하기를 '모든 비구들이여, 여래는 정말 만나 뵙기 어렵도다!'라고 하는 것이니라. 중생들이 이런 말을 듣게 되면 정말로 만나 뵙기 어렵다는 생각을 내어서, 마음에 사모하는 마음을 품고 목마르게 부처님을 그리워하여 문득 선근을 심게 되느니라. 그러므로 여래는 사실 완전한 열반에 들지 않으면서도 '열반한다'고 말하는 것이니라. 또 선남자들이여! 모든 부처님 여래의 법은 다 그와 같이 중생을 제도하기 위한 것으로 모두 사실이며 헛되지 않느니라.

예를 들어 지혜롭고 총명하며 사리에도 밝은 어떤 훌륭한 의사가 있었다고 하자. 그는 약을 조제하는 데에 훤히 능숙하여, 온갖 병들을 잘 치료하였느니라. 그 의사는 슬하에 자식이 많아서, 열 명에서 스무 명 심지어 나중에는 백 명이나 두게 되었느니라. 그런데 아버지가 잠시 볼일이 있어 멀리 다른 나라에 가고 없는 동안에 아이들이 잘못하여 독약을 마셔버렸느니라. 차츰 약기운이 번지자 그들은 괴로워서 정신없이 땅에 뒹굴며 몸부림쳤느니라. 마침 이때 아버지가 집에 돌아오시게 되었느니라. 독약 먹고 괴로워하다가 본심을 잃고 정신착란이 된 아이도 있었고, 아직 본심까지는 잃지 않은 아이도 있었느니라. 그들은 모두 멀리서 아버지를 보고 크게 기뻐하며, 무릎을 꿇고 절하면서 문안하였느니라.

'아버지, 안녕히 다녀오셨어요?

저희들은 어리석게도 잘못 독약을 먹었사옵니다. 그러니 제발 병을 치료해주시어 다시 살려주세요!'

아버지는 아이들이 괴로움으로 몸부림치는 것을 보고는 여러 약방문에 의거하여, 빛깔은 물론 향과 맛까지 잘 갖추어진 좋은 약초를 구해다가 찧고 체로 치고 섞어서 아이들에게 먹으라고 갖다 주면서 이렇게 말하였느니라.

'이것은 영험이 매우 뛰어난 약이니라. 빛

깔도 좋고 향기도 그만인 데다가 맛까지 좋아서, 너희들이 먹기만 하면 금방 아픈 것이 낫고 다른 나쁜 질환들도 싹 없어지리라.'

자식들 가운데 본심을 잃지 않은 아이들은 아버지가 주시는 약이 빛깔은 물론 향기까지 좋은 것을 보고 바로 먹었는데, 그러자 병이 다 낫게 되었느니라. 그렇지만 정신착란이 된 나머지 다른 애들은 아버지가 오신 걸 보고 기뻐하며 인사도 드리고 병을 낫게 해달라고 말은 했으면서도, 아버지가 주시는 약을 기꺼이 먹으려고 하지 않았느니라. 왜냐하면 이미 독기가 깊이 스며들어 본심까지 잃고 정신착란이 되었기 때문이니라. 그래서 이렇게 빛깔과 향기가 좋은 영약조차 별로

달갑게 여기지 않았던 것이니라.

아버지는 생각하기를,

'참 불쌍한 녀석들 같으니라고! 독약에 중독되어서 마음이 완전히 거꾸로 착란되었구나! 그래 비록 날 보고 반색하며 고쳐달라고 애걸해서, 이렇게 좋은 약을 줬는데도 정작 먹지를 않다니……. 하지만 내 지금 마땅히 무슨 방편을 써서라도 꼭 이 약을 먹게끔 하리라!'

이윽고 아이들에게 다음과 같이 말하였느니라.

'너희들은 마땅히 잘 들어라. 나도 이제 늙어서 어언 죽을 때가 다가왔구나. 내가 지금 여기에다 이 약을 놓아둘 터이니, 너희들은 아무 때나 가져다가 먹도록 하여라. 그리고 혹시 차도가 없을까 하는 쓸데없는 걱정일랑 아예 하지도 마라.'

이렇게 일러두고는 다시 다른 나라로 가서 사람을 보내어 소식을 전하되,

'너희 아버지 벌써 돌아가셨어!'

이때 모든 아이들은 아버지가 자기들을 저버린 채 돌아가셨다는 말을 듣자 마음으로 크게 슬퍼하며 생각하기를,

'만일 아버지가 살아 계셨다면 우리들을 불쌍히 여기고 능히 구해주셨을 텐데……. 지금 우리를 버리고 멀리 타국에서 돌아가셨으니 어찌해야 좋은가! 졸지에 우리는 부모 없이 의지할 데 하나 없는 진짜 고아가 되어

버리고 말았구나!'

그들은 계속 비탄에 젖어 슬퍼하다가 마침내 정신을 차리게 되었느니라. 그리고 나서 이전에 아버지가 놓고 가셨던 약이 빛깔뿐 아니라 향과 맛도 아주 좋은 것을 알아차렸느니라. 그리하여 이내 약을 갖다가 먹고 나니, 독약으로 생겼던 병들이 깨끗이 낫게 되었느니라. 아버지는 아이들의 병이 다 나았다는 소식을 듣자, 곧 고국으로 돌아가서 아이들 앞에 다시 나타났느니라.

모든 선남자들이여, 어떻게 생각하느냐? 과연 의사가 거짓말을 했다고 비난할 수 있겠느냐?"

"절대 그럴 수 없습니다, 세존이시여!"

부처님께서 말씀하셨다.

"나도 역시 그 의사의 경우와 마찬가지니라. 즉 나는 성불한 지가 이미 한량없고 끝없는 백천만억 나유타 아승기 겁이나 되었느니라. 그런데 중생들을 교화하기 위하여 방편력으로써 '앞으로 열반할 것'이라고 말했느니라. 그렇지만 법 자체만으로 분명하게 내가 거짓말을 했다고 비난할 수는 없을 것이니라."

그때 세존께서 거듭 의미를 표현하시고자 게송으로 말씀하셨다.

내가 성불한 이래
지나간 겁의 수만 해도
헤아릴 수 없는

백천만억조 아승기 겁의 무량 세월이니라.

항상 설법하며
무수억 중생들을 교화하여
불도에 들게 하다 보니
어느덧 한량없는 겁이 지났노라.

중생을 제도하기 위하여
방편으로 열반을 나타내지만
사실은 열반하지 않은 채
늘 여기 머물러 설법하나니,

내 항상 여기에 머물지만
온갖 신통력으로써
생각이 전도된 중생들은

비록 가까이 있어도 보지 못하게 하노라.

중생들이 내 열반함을 보고
널리 사리에 공양하며
모두 사모하는 마음으로
간절히 그리워하는 마음을 내거늘,

중생들이 참으로 믿고 조복되어
순박하고 정직하며 뜻이 부드럽고
일심으로 부처님 뵙고자 목숨도 아끼지 아니하면
그때에 나와 비구들이 함께 영취산에 출현하노라.

그리고는 내가 중생에게 말하기를,

'나는 항상 이곳에 있으면서 열반하지 않건만
방편력을 쓰기 때문에
어떤 때는 열반했다가 하지 않았다가 하노라.'

그러나 다른 세계에서도
공경스레 믿고 좋아하는 이가 있으면
내 다시 그들 가운데에도 나타나
그들을 위해 위없이 높은 법을 설하노라.

너희들은 이 사실을 듣지 못하여
내가 열반한 줄로만 여기나
내 보건대 모든 중생들이
고통 속에 빠져 있기에,

일부러 몸을 나타내지 아니하고

그들로 하여금 갈앙심을 내도록 해서
마음의 사모하는 정성이 지극해진 다음에야
비로소 그들에게 나타나 법을 설하나니.

이와 같은 신통의 힘으로
아승기 겁의 무량 세월 동안
항상 영취산과
다른 여러 곳에서 살고 있노라.

중생들 언젠가 겁이 다하여
온 천지가 불에 타는 것을 볼 때에도
나의 정토세계는 안락하나니
하늘천신과 사람들 항상 가득하며,

동산과 숲속의 많은 집과 누각들은

여러 가지 보배로 장엄된 데다
보배나무에 꽃과 과실이 무성하매
중생들 즐거이 노닐고,

하늘천신들은 하늘북을 두둥둥~ 울리며
끊임없이 여러 악기 연주할 뿐더러
만다라 꽃비를 내려
부처님과 대중 위에 흩뿌릴 것이로다.

나의 정토 이렇게 무너지지 않건만
중생들은 불에 타서 없어지는 것으로 보며
근심과 두려움 그리고 각종 괴로움
그와 같은 고통들로 만연한 줄 인식하거니,

죄 많은 여러 중생들은

악업의 인연 때문에
아승기 겁 지내도록
삼보의 이름조차 듣지 못하되,

모든 공덕을 잘 닦고
부드럽고 온화하며 곧은 사람은
내가 이곳에 있으면서
설법하는 것을 전부 보리라.

어떤 때는 그런 대중 위하여
부처님의 수명이 한량없다고 말하거니와
오랜만에 부처님을 보는 이에겐
부처님 뵙기가 매우 어렵다고 설하거늘,

부처님 지혜의 힘 이와 같으니

지혜로운 광명 끝없이 찬란할 뿐더러
수명도 헤아릴 수 없는 겁으로
오래도록 선업을 닦아 얻게 된 것이니라.

지혜로운 그대들은
이 점에 대해 조금도 의심하지 말며
마땅히 의심을 끊어서 아예 없애버릴지니
부처님 말씀은 진실하여 거짓이 없느니라.

마치 의사가 좋은 방편으로
미친 자식을 고치기 위하여
살아 있으면서도 죽었다고 소문낸 것을
진짜 거짓말했다고 비난할 수 없는 것처럼,

나 역시 세상의 아버지로서

고통받고 괴로워하는 모든 이들을 구원하고자
생각이 전도된 범부 중생들을 위하여
사실 살아 있으면서도 열반한다고 말하나니,

왜냐하면 어리석은 중생이 나를 항상 보게
되면
자칫 교만하고 방자한 마음이 생겨나
제멋대로 방일하며 오욕락에 집착하다가
십중팔구 악도에 떨어지게 되기 때문이니라.

내 언제나 중생이 도를 잘 닦는지
그렇지 않은지를 알아서
응당 제도될 근기에 맞추어
그들 위해 갖가지 법을 설하되,

'어떻게 하면 중생들로 하여금
위없이 높은 지혜에 들어가게 하여
빨리 부처님 몸이 되게 할 수 있을까?'
매양 스스로 노심초사하노라.

제17 분별공덕품

그때 큰 법회에서 부처님 수명의 길이가 그처럼 영원하다고 말씀하시는 것을 듣고, 무량무변한 아승기 수의 많은 중생들이 큰 이익을 얻게 되었다.

이때 세존께서 미륵 보살마하살에게 이르시었다.

"아일다보살이여!

내가 여래의 수명이 영원하다고 법문할

때, 육백팔십만억 나유타 항하의 모래알처럼 많은 중생들이 무생법인을 얻었느니라. 다시 그 천 배에 해당하는 무수한 보살마하살들이 문지다라니문을 얻었느니라. 게다가 한 세계의 티끌수에 해당하는 보살마하살들이 자유자재로 걸림없이 설법 잘하는 변재를 얻었고, 또 한 세계의 티끌수에 해당하는 보살마하살들이 백천만억의 한량없는 선다라니를 얻었느니라. 다시 삼천대천의 온 세계 티끌수에 해당하는 보살마하살들이 불퇴전 법륜을 굴리게 되었으며, 또 이천중천세계의 티끌수에 해당하는 무수한 보살마하살들이 청정 법륜을 굴릴 수 있게 되었느니라.

뿐만 아니라 소천세계의 티끌수에 해당하는 보살마하살들은 여덟 번 다시 태어난 뒤에 반드시 아뇩다라삼먁삼보리를 성취할 것이라는 확신을 얻었느니라. 또 사천하 네 배의 티끌수에 해당하는 보살마하살들은 네 번 다시 태어난 뒤 아뇩다라삼먁삼보리를 성취하고, 사천하 세 배의 티끌수에 해당하는 보살마하살들은 세 번 다시 태어난 뒤 아뇩다라삼먁삼보리를 성취한다는 확신을 얻었느니라. 사천하 두 배의 티끌수에 해당하는 보살마하살들은 두 번 더 태어난 뒤 아뇩다라삼먁삼보리를 성취하며, 사천하 그만큼의 티끌수에 해당하는 보살마하살들은 한 번만 더 태어나면 아뇩다라삼먁삼보리를 성취한다는 확신을 얻었느니라. 게다가 여덟 세계의 티끌수에 해당하는 수많은 중생들도 모두 아뇩다라삼먁삼보리를 구하려고 마음먹게 되었느니라."

석가모니 부처님께서 여러 보살마하살들이 크게 법의 이익을 얻은 점에 대하여 말씀하실 때에, 하늘에서는 만다라꽃과 마하만다라꽃의 꽃비가 내렸다. 그래서 한량없는 백천만억의 보배나무 밑 사자좌 위에 앉아 계시는 모든 분신부처님들께 곱게 뿌려졌다. 아울러 칠보탑 속의 사자좌 위에 앉아 계시는 석가모니 부처님과 이미 오래 전에 열반하신 다보여래께도 색색으로 뿌려졌으며, 또한 일체 대보살들과 사부대중들에게도 뿌려졌다.

또 부드러운 가루로 된 전단향과 침수향들이 비 오듯 흘러내렸고, 천상에서는 하늘북이 저절로 울리니 미묘한 소리가 깊고 그윽하여 멀리까지 울려 퍼지게 되었다. 또 수천 가지나 되는 아름다운 하늘나라 옷들이 비처럼 나부껴 내렸고, 진주영락·마니주영락·여의주영락 등 갖가지 영락들이 아홉 방위 곳곳에 가득 드리워졌다. 각종 보석으로 만들어진 향로에는 값으로 따질 수 없이 귀한 향이 사루어지매, 그윽한 향취가 저절로 두루 퍼지며 법회에 모인 대중들에게 공양하였다. 그리고 부처님 한 분마다 그 위에 번기와 일산을 든 보살들이 차례로 줄을 지어 올라가 범천의 하늘나라에까지 이르렀는데, 그 보살들은 아름답고 고운 음성으로써 수많은 노래를 부르며 모든 부처님들을 찬탄하였다.

그때 미륵보살이 자리에서 일어나 오른쪽 어깨를 드러내고 합장한 채 부처님을 향하여 게송으로 사뢰었다.

부처님께서 희유한 가르침 설해주시니
세존의 위대한 능력과
무한한 수명에 대하여
예전에는 한 번도 들은 적 없었나이다.

무수한 여러 불자들은

세존께서 법의 이익 얻은 자들에 대해
알기 쉽도록 분별해주시는 이야기 듣고서
온몸이 그만 기쁨으로 충만해졌나이다.

누군가는 불퇴지에 머물게 되었고
혹은 다라니를 얻었으며
또 걸림 없이 설법 잘하는 변재를 얻었고
혹은 만억의 선다라니를 얻었으며,

대천세계 티끌수처럼 무수한 보살들은
각각 모두 불퇴전 법륜을 굴리게 되었고
다시 중천세계 티끌수처럼 수많은 보살들은
저마다 청정 법륜을 굴리게 되었나이다.

또 소천세계 티끌수처럼 많은 보살들은

각기 여덟 번 다시 태어난 다음에
반드시 불도를 성취한다는
확신을 얻었고,

다시 사천하의 네 배·세 배·두 배
티끌수에 해당하는 보살들은
각각 네 번·세 번·두 번 더 태어난 다음
성불하게 된다는 확신을 얻었으며,

혹 사천하 그만큼의
티끌수에 해당하는 보살들은
한 번만 더 태어나게 되면
반드시 일체지 성취한다는 확신을 얻었으니,

이와 같은 중생들은

부처님의 수명이 끝없다는 말을 듣고서
한량없으며 미혹함 없는
청정한 과보를 얻은 것이옵니다.

게다가 여덟 세계의 티끌수처럼
무수히 많은 중생들도
부처님께서 말씀하신 수명에 관한 법문 듣고서
모두 위없이 높은 진리를 구하려고 마음먹었나니,

세존께서 한량없고
불가사의한 법문 설하시자
도움 받은 이들이
참으로 허공처럼 다함없나이다.

하늘에서는 만다라꽃과 마하만다라꽃
꽃비 내리듯 흩날리는데
항하의 모래알처럼 많은 제석천과 범천왕들이
무수한 부처님들 세계에서 찾아와,

전단향과 침수향 가루를
그윽하며 분분히 내리되
마치 새가 공중을 날아다니듯
모든 부처님들께 뿌리며 공양하였나이다.

하늘북은 허공 속에서
저절로 두둥둥~ 미묘한 소리를 내고
천만 가지의 하늘나라 옷들이
빙~빙 나부끼며 내려오거늘,

온갖 보배로 된 신기한 향로에서는
값으로 따질 수 없이 귀한 향 사루어지자
저절로 움직이며 향기가 두루 퍼져
모든 세존님께 공양 올렸나이다.

수없이 많은 대보살들은
만억 가지의 높고 우아한
칠보로 꾸민 번기와 일산을 손에 든 채
차례로 줄지어 올라가 범천 세계에까지 이르러,

한 분 한 분 모든 부처님 앞에
보배당간에다 승리의 깃발을 달고
또한 천만 가지 게송으로써
모든 여래를 노래하며 찬탄하였나이다.

이와 같은 갖가지 일들
예전에는 일찍이 없었거늘
부처님 수명 한량없다는 법문 듣고서
일체가 모두 환희 충만하나이다.

부처님 이름 시방에 들리사
널리 중생들 이익케 하시며
일체 중생이 선근을 구비하여
위없이 높은 보리심 내도록 도우시나이다.

그때 부처님께서 미륵 보살마하살에게 이르시었다.

"아일다보살이여! 만일 어떤 중생이든 부처님 수명이 이처럼 무한하다는 말을 듣고서 한 생각 찰나라도 믿고 이해할 수 있다면, 그가 얻게 되는 공덕은 이루 헤아릴 수 없이 많으니라.

이를테면 어떤 선남자 선여인이 아뇩다라삼먁삼보리를 얻기 위해 팔십만억 나유타 겁의 오랜 세월 동안, 보시바라밀·지계바라밀·인욕바라밀·정진바라밀·선정바라밀 등 오바라밀만 닦고 반야바라밀은 닦지 않았다고 하자. 이 공덕을 가지고 부처님의 영원한 수명을 믿는 앞의 공덕에 비할 것 같으면, 백분의 일·천분의 일 아니 백천만억분의 일에도 미치지 못할 뿐더러 심지어 어떤 숫자나 비유로도 감히 비교가 안 되느니라.

그리하여 만약 선남자 선여인이 이와 같은

무량 공덕을 갖추었는데도 아뇩다라삼먁삼보리에서 물러나게 된다는 것은 전혀 이치에 맞지 않느니라."

그때 세존께서 거듭 의미를 표현하시고자 게송으로 말씀하셨다.

만일 누군가 부처님 지혜 구하여
팔십만억 나유타 겁의 세월 동안에
보시·지계·인욕·정진·선정 등
오바라밀을 닦으며,

그토록 수천만 년 세월 동안
부처님·벽지불·성문제자와
여러 보살대중들에게

끊임없이 보시하여 공양하되,

맛있고 진귀한 음식과
좋은 의복·훌륭한 침구와
전단향나무로 지어진 우아한 절에
아름다운 숲과 동산까지 멋지게 장엄하여,

이와 같은 갖가지들
가장 좋고 훌륭하게 꾸며서
오랜 세월 동안 보시하고는
그 공덕을 다시 불도에 회향하고,

또 계율을 잘 엄수하여
한 가지도 실수 없이 청정히 지키며
위없이 높은 진리 구하여

모든 부처님들 찬탄을 받고,

게다가 인욕을 닦아서
마음이 고르고 부드러운 경지에 머물러
설사 온갖 나쁜 일이 닥치더라도
그 마음 흔들리는 법이 없으며,

또 법을 얻었다고 확신하는
증상만의 교만한 자들이
함부로 업신여기며 괴롭히더라도
그러한 것마저 다 능히 참고,

부지런히 정진하여
뜻과 생각이 항상 견고하며
한량없는 억 겁의 세월 동안

일심으로 수행하고 게으르지 않을 뿐더러,

무수 억만 년 동안이나
한적한 곳에 머물러
앉든지 거닐든지 늘
잠자지 않고 마음 다스리며,

이러한 인연으로
능히 모든 선정에 들되
팔십억만 겁의 세월토록
고요히 안정되어 마음 산란치 않거늘,

이 일심으로 닦은 복덕 가지고
위없이 높은 진리를 구해
'내 일체지를 얻어

모든 선정의 극치에 이르리라' 한다면,

그 사람이
백천만억 겁의 한량없는 세월 동안
닦아서 얻게 되는 여러 공덕들
앞서 말한 대로 좀 많기는 하겠지만,

어떤 선남자 선여인들이
내가 수명이 끝없다고 하는 얘기 듣고서
하다못해 한순간만이라도 믿는다면
그보다 훨씬 더 많은 복을 얻게 되나니,

만약 누군가
모든 의심 아주 없애버리고
마음속 깊이 잠깐만이라도 믿는다면

그 복덕은 그야말로 한량없이 많으리라.

어떤 보살들이
한량없이 오랜 겁 동안 도를 닦았다면
내가 설하는 수명 이야기 듣고서
이내 믿고 받아들일 수 있으리라.

그와 같은 사람들은
이 경전을 머리에 이고 정중히 받아 서원하기를,
'원컨대 나도 미래 세상에
오래 장수하면서 중생제도 하오리니,

지금의 석가세존처럼
모든 석씨 문중의 왕으로
도량에서 사자후하듯 설법하되

두려움 없게 하소서!

그래서 저희들이 앞으로 오는 세상에
모든 중생들 존경받으며 도량에 앉을 때에는
영원한 수명에 대해 설하는 것까지도
지금의 석가세존과 똑같이 하게 하소서!'

어떤 이가 마음 깊고 청정하며 순박하고 정직
한 데다
많이 듣고 능히 다 기억할 수 있어서
올바르게 부처님 말씀을 이해한다면
그런 이들은 결코 여래의 수명에 대해 의심하
지 않으리라.

"또 아일다보살이여!

만약 어떤 사람이 부처님의 수명이 영원하다는 말을 듣고 그 뜻을 알아차리기만 해도, 그 사람이 얻는 공덕은 한량없이 많아서 능히 여래의 위없이 높은 지혜를 얻을 수 있느니라. 그런데 하물며 법화경을 자세히 듣거나 남에게 듣게 하고, 본인이 경을 수지하거나 남에게 수지하게 하며, 스스로 경전을 베껴 쓰거나 남에게 베껴 쓰게 하고는 꽃과 향·영락·깃발·비단일산·향유·등불로써 경책에 공양까지 올린다면 그거야 더 말할 나위가 있겠느냐! 그 사람의 공덕은 무량무변하여 능히 일체종지를 이루게 되리라.

아일다보살이여!

만약 선남자 선여인이 내가 수명이 아주

무한하다고 말하는 것을 듣고서 마음속 깊이 믿고 이해한다면, 내가 항상 영취산에 있으면서 대보살들과 모든 성문대중들에게 둘러싸여 설법하고 있는 것을 보리라. 또 이 사바세계가 청보석의 유리로 땅이 되고 평탄하며 반듯한 데다, 여덟 줄로 된 바둑판 도로 가상이가 염부단금으로 표시되어 있고 보배나무들이 줄지어 늘어서 있는 것을 보리라. 그리고 많은 좌대과 누각들이 전부 보배로 이루어졌거늘, 그 속에 보살대중들이 살고 있는 것을 직접 보게 되리라. 만약 능히 이와 같이 관찰할 수 있는 사람이 있다면, 그것은 다름 아니라 그가 깊이 믿고 이해하고 있다는 표상임을 명심하여라. 또 여래가 열반한 뒤에 만약 이 경을 듣고서 헐뜯거나 비방하지 않고 따라 기뻐하는 마음을 낸다면, 이미 깊이 믿고 이해하고 있는 상태인 것이니라. 그런데 하물며 경전을 늘 읽고 외우며 받아 지니는 사람의 경우이겠느냐! 그 사람은 말하자면 여래를 머리 위에 모시고 있는 셈이나 다름없느니라.

아일다보살이여!

그런 선남자 선여인은 나를 위하여 다시 탑과 절을 세우거나 정사를 지을 필요가 없느니라. 또 네 가지 생활필수품으로써 대중스님들께 일부러 공양하지 않아도 되느니라. 왜냐하면 법화경을 받아 지니고 읽고 외우는 선남자 선여인은 이미 탑과 절을 세운 셈이 되고, 정사를 지어서 대중스님들께 공양한 것이 되기 때문이니라. 다시 말해 부처님 사리를 모시기 위해 칠보탑을 세우되, 탑의 높이와 넓이는 올라갈수록 점점 가늘고 좁아져서 하늘나라 범천의 세계에까지 닿게 만든 격이니라. 그리고 탑에다 여러 번기와 일산·갖가지 보배방울들을 매달고, 꽃·향·영락·가루 향·바르는 향·사르는 향과 각종 북을 비롯한 여러 악기들과 퉁소·피리·공후 소리에다 온갖 화려한 춤과 고운 음성으로써 부처님을 찬탄하며 노래 부르는 것이나 마찬가지니라. 그 선남자 선여인은 자그마치 천만억 겁의 한량없는 세월 동안 이렇게 공양한 셈이 되느니라.

아일다보살이여!

가령 내가 열반한 뒤에 이 법화경을 듣고서 누군가 능히 받아 지니고 자신이 직접 쓰거나 남을 시켜서 쓰게 한다면, 이는 곧 스님들이 거주하는 정사를 지은 것이나 매한가지니라. 이를테면 붉은 전단나무로 다라수 나무의 여덟 배나 될 만큼 높고 큼직하며 멋지게 전당을 서른두 채나 지어서, 수천 명의 스님들이 거주할 수 있도록 지은 것이 되느니라. 거기에다 아름다운 동산·숲·연못·호수·산책로가 딸려 있고, 참선하는 방은 물론 옷과 음식·이부자리·의약품 등 필요한 물품들이 죄다 마련되어 있는 셈이니라. 이런 정사와 당각들의 수효가 자그마치 백천만억 개나

되도록 무수히 조성한 격이 되어, 이런 것들을 전부 내 눈앞에서 나와 스님들께 직접 공양한 것이나 다름없느니라. 그러므로 내 말하기를,

'여래가 열반한 뒤에 만약 어떤 이가 법화경을 받아 지니고서 읽고 외우며 다른 사람을 위해 설명해주고, 혹 자기가 직접 쓰거나 남을 시켜 쓰게 하고 경책에 공양까지 한다면, 구태여 다시 탑과 절을 세우고 정사를 지어서 대중스님들께 공양할 필요가 없도다!'

라고 말한 것이니라.

하물며 다시 누군가 능히 이 경을 수지하면서 보시·지계·인욕·정진·선정·지혜를 함께

닦는다면, 그 공덕은 말할 것도 없이 제일 수승하여 한량없고 끝이 없느니라. 예를 들어 허공의 동·서·남·북과 그 사이의 네 간방과 상방·하방이 한량없고 끝이 없는 것과 마찬가지로, 그 사람의 공덕도 역시 한량없고 끝이 없어서 일체종지를 빨리 증득하리라.

만약 누군가 이 경을 읽고 외우며 받아 지니고 다른 사람을 위해 설명해주거나, 혹은 경전을 스스로 직접 쓰거나 남을 시켜 쓰게 한다고 하자. 게다가 능히 탑도 세우고 정사까지 지어서 많은 성문스님들을 공양하고 찬탄하며, 또한 백천만억 종류의 여러 찬탄하는 법식으로써 보살의 공덕을 찬탄한다고 하자. 또 다른 사람을 위해 여러 가지 인연을 들어 올바르게 이 법화경을 해설해준다고 하자. 그리고 깨끗하게 계행을 지키며 마음이 부드럽고 온화한 사람들과 가까이 지내면서, 참고 성내지 않으며 뜻과 생각이 견고하다고 하자. 더욱이 항상 좌선하는 것을 소중히 여겨서 깊은 선정의 여러 경지를 증득하고, 용맹스럽게 계속 정진하여 훌륭한 법들을 섭수할 뿐더러 근기가 날카롭고 지혜로워 어려운 질문에도 잘 답변한다고 하자. 아일다보살이여! 내 열반한 뒤에 이 경전을 받아 지니고 읽고 외우는 여러 선남자 선여인들이 동시에 이처럼 훌륭한 공덕까지 구비하였다면, 그들은 이미 도량에 나아간 것이나 진배없음을 명심하여라. 그들은 벌써 아뇩다라삼먁삼보리에 근접하여, 보리수나무 아래에 앉아 있는 것이나 마찬가지니라.

아일다보살이여!

그런 선남자 선여인들이 앉거나 서 있거나 걸어다니는 모든 곳에는 응당 거기에 탑을 세워야 하느니라. 그리고 일체 하늘천신과 사람들은 부처님 탑을 받들 듯이 정성껏 공양해야 하느니라."

그때 세존께서 거듭 의미를 표현하시고자 게송으로 말씀하셨다.

만약 내 열반한 뒤에
능히 이 경전 받들어 간직한다면

그 사람은 앞서 말한 대로
한량없는 복덕을 얻으리니,

이는 모든 공양을 구족하여
부처님 사리탑을 세우되
칠보로 장엄할 뿐더러
매우 크고 높은 찰간은

올라갈수록 점점 작아져서
하늘의 범천세계에까지 닿고
천만억 개의 보배방울들이
바람 따라 땡그랑 맑은 소리 울리거늘,

그 탑에 한량없는 세월 동안
꽃과 향·많은 영락과 하늘나라 옷

여러 악기들 연주하고 향유에 등불까지 켜서
주위를 항상 밝게 비추어 공양한 격이로다.

이렇듯 오탁악세 말법 시대에
능히 이 경전 수지하는 자는
좀 전에 말한 대로
모든 공양 구족한 것이나 다름없나니,

만약 능히 이 경을 수지한다면
곧 부처님 계실 때
우두 전단나무로
정사를 지어 승단에 공양하되,

서른두 채의 전당을
다라수의 여덟 배나 될 만큼 높게 지어서

으뜸가는 음식·좋은 의복과
평상에 침구까지 갖춤은 물론이요,

수천 명의 대중스님들 거주하는 처소와
동산·숲·연못·호수·산책로가 딸려 있고
좌선하는 선방과 그 밖의 갖가지 용품들까지
모두 아름답게 장엄하여 공양한 셈이로다.

만일 누군가 믿고 이해하는 마음으로
이 경을 수지하여 읽고 외우며 쓰고 나서는
다시 남에게 쓰도록 하고
아울러 경책에도 공양하기를,

꽃과 향 및 향가루를 뿌리며
수만나꽃과 첨복화

아제목다가에서 짠 기름으로
항상 등불을 밝히어,

이렇게 경책에 공양하는 자는
한량없는 공덕을 얻으리니
마치 허공이 끝간 데가 없는 것처럼
그 복덕도 또한 끝없이 많으리라.

하물며 이 경을 수지하면서
보시와 지계를 겸하여 닦고
인욕하며 선정을 즐기는 데다
성내지 않고 욕설도 하지 않을 뿐더러,

부처님 탑묘를 공경하며
모든 비구들에게 겸손하게 하심하고

교만한 마음을 멀리 여읜 채
항상 지혜만 깊이 생각함은 물론,

어려운 질문을 당하더라도 성내지 않고
질문에 따라 잘 해설해주나니
능히 이런 수행을 닦을 수만 있다면
그 공덕이야말로 가히 헤아릴 수 없이 많으리라.

만약 이와 같은 공덕을 성취한 법사를 보거든
응당 하늘나라꽃을 뿌려서 공양하고
하늘옷을 입혀드리며 머리 숙여 발에 절하되
마음속으로 부처님 뵈온 듯이 여길 뿐 아니라,

또 응당 이렇게 생각할지니,
'이 분은 이제 곧 도량에 나아가

무루·무위의 경지를 얻어서
널리 모든 사람들과 하늘천신들을 이롭게
하리라!'

따라서 법사가 머무는 곳이라면
경행하거나 앉거나 눕거나
심지어 경전의 한 게송만 읊더라도
그 가운데 응당히 탑을 세워서
훌륭하게 장엄하고 갖가지로 공양해야 하느
니라.

이런 부처님 제자가 머무는 곳이라면
곧 부처님이 받아서 쓰는 것이나 다름없나니,
항상 부처님이 그 가운데 있음은 물론이고
경행하며 앉기도 하고 눕기도 하시느니라.

묘법연화경 제六권

제18 수희공덕품

그때 미륵 보살마하살이 부처님께 사뢰었다.

"세존이시여! 만약 어떤 선남자 선여인이 법화경을 듣고 따라 기뻐한다면 얼마나 되는 복을 얻겠습니까?"

이윽고 미륵보살이 게송으로 사뢰었다.

세존께서 열반하신 후
이 경을 듣고서

능히 따라 기뻐하는 자는
복을 얼마나 얻겠나이까?

그때 부처님께서 미륵 보살마하살에게 이르시었다.

"아일다보살이여!

여래가 열반한 뒤에 만약 비구·비구니·우바새·우바이와 또 지혜로운 다른 사람들이 어른이든 아이든 이 경을 듣고서 따라 기뻐한다고 하자. 그들이 법회를 마치고 정사나 한적한 곳 혹은 도시나 저잣거리 아니면 변두리 마을이나 농촌 같은 다른 데로 가서, 자신이 들은 대로 부모나 친척이나 친구 혹은 그냥 아는 사람을 위해 자기가 할 수 있는 능력껏 설명해주었다고 하자. 그 여러 사람들이 듣고 나서 따라 기뻐하며 그 내용을 다른 사람에게 전해주고, 다른 사람도 듣고 나서 따라 기뻐하며 또 다른 이에게 전해주었다고 하자. 이렇게 거듭 전해져서 오십 번째 사람에게까지 전해졌다면, 아일다보살이여! 그 오십 번째 선남자 선여인이 따라 기뻐한 공덕에 대하여 내 이제 말하리니, 마땅히 잘 들으라.

예를 들어 사백만억 아승기 세계에 있는 여섯 갈래의 사생 중생들, 곧 난생·태생·습생·화생으로 태어나는 것에는 형상이 있는 존재·형상이 없는 존재·생각이 있는 존재·생각이 없는 존재·생각이 있다고 할 수 없는 존재·생각이 없다고도 할 수 없는 존재·발 없이 기어 다니는 존재·두 발로 걷는 존재·네 발 달린 존재·발이 많이 달린 존재 등 이처럼 수많은 형태의 중생들이 있느니라.

그런데 어떤 사람이 복을 구하려고 중생들이 좋아하는 물건들을 원하는 대로 나누어주었다고 하자. 이를테면 각 중생들에게 금·은·유리·자거·마노·산호·호박 등 여러 가지 진귀한 보배들과 코끼리와 말이 끄는 수레 혹은 칠보로 지은 궁전과 누각 따위를 염부제가 가득 찰 만큼씩 전부 나누어주었다고 하자. 그러던 어느 날 큰 시주자가 꼬박 팔십 년간을 이렇게 보시하고 나서 생각하기를,

'내 이미 중생들이 바라는 물건들을 원하는

대로 실컷 나눠주었도다. 그런데 중생들이 벌써 다 늙어서 나이는 팔십이 넘었고 백발이 성성한 데다 주름까지 쭈글쭈글해졌으니, 장차 죽을 날이 머지않았도다. 이제 더 늦기 전에 내 마땅히 불법으로써 이들을 가르쳐 인도해야겠다!'

이윽고 중생들을 전부 모이게 해서 불법을 선포하여 보여주고 가르쳐서 이롭고 기쁘게 하였다고 하자. 그래서 일시에 수다원도·사다함도·아나함도·아라한도를 얻어 온갖 번뇌를 다하게 되었고, 깊은 선정에 자유자재로 들어 팔해탈까지 갖추게 되었다고 하자. 그렇다면 그대는 어떻게 생각하는가? 그 큰 시주자는 얼마나 많은 공덕을 얻겠느냐?"

미륵보살이 부처님께 사뢰었다.

"세존이시여, 그 사람의 공덕은 너무 많아서 한량없고 끝이 없겠나이다. 그 시주자가 단지 중생들에게 그들이 바라는 물건들을 보시한 것만 치더라도 그 공덕은 한량없을 것입니다. 그런데 하물며 중생들로 하여금 아라한과까지 얻게 했으니, 그거야말로 더 말할 나위가 있겠습니까!"

부처님께서 미륵보살에게 이르시었다.

"내 이제 분명히 그대에게 사실대로 말하리라. 그 사람이 중생들이 좋아하는 온갖 물품들로써 사백만억 아승기 수많은 세계의 모든 여섯 갈래 중생들에게 보시하고 아라한과를 얻게 한 공덕은 저 오십 번째 사람이 법화경의 한 게송을 듣고 따라 기뻐한 공덕에는 턱없이 미치지 못하느니라. 그래서 백분의 일·천분의 일·백천만억분의 일에도 해당되지 못할 뿐더러, 심지어 어떤 숫자나 비유로도 비교가 안 되느니라.

아일다보살이여! 이와 같이 오십 번째 사람이 여러 사람을 통해 들은 법화경 얘기를 듣고서 따라 기뻐한 공덕만 해도 무량무변한 아승기의 한량없는 공덕이 있거늘, 하물며 맨 처음 법회 장소에서 가르침을 듣고 따라 기뻐한 사람의 공덕이야 오죽 많겠느냐! 그 사람의 복덕은 더욱 수승해서 무량무변한 아승기의 숫자로도 견줄 수 없느니라.

또 아일다보살이여!

어떤 사람이 법화경을 듣기 위해 정사로 가서 앉거나 선 채로 잠시 동안만 법문을 들었다 하더라도, 그 덕분에 다시 태어날 적에는 훌륭한 코끼리와 말이 끄는 수레 혹은 진귀한 보배로 꾸민 가마를 타고 하늘궁전에 오르리라. 또 어떤 사람이 법화경 강의하는 곳에서 앉아 듣고 있다가 다른 사람이 오니까 자기 자리를 나누어 같이 앉아 듣게 했다면, 그 사람은 그 공덕으로 다음 세상에서 제석천왕이나 범천왕 혹은 전륜성왕의 자리에 앉게 되리라.

아일다보살이여! 또 어떤 사람이 다른 이에게 말하기를,

'저기 법화경을 설한다는데, 같이 가서 듣

지 않을래요?'

그 사람이 그 말을 듣고 따라가서 아주 잠깐만 듣더라도, 처음에 권유한 사람은 그 공덕으로 다음 세상에서 다라니 얻은 수승한 보살들과 더불어 한곳에 태어나리라. 뿐만 아니라 근기가 날카롭고 총명하며 지혜로운 데다 백천만 번 태어나도 결코 벙어리가 되지 않으리라. 또한 입에서 냄새가 나지 않고 혀나 입에 항상 병이 없으며, 때가 끼어 치아가 검게 변한다거나 누렇게 되지 않으리라. 더욱이 치아 사이가 벌어진다거나 빠진 것이 없음은 물론이고, 삐뚤빼뚤 나거나 안으로 굽지도 않으리라. 입술은 아래로 쳐지거나 말려 올라가지 않고, 부르트거나 부스럼 나지 않으며, 또한 언청이거나 삐뚤어지지 않으리라. 게다가 입술이 너무 두껍지도 않고 크지도 않으며, 시퍼렇게 죽지 않아서 보기 싫은 모양이 하나도 없으리라. 코는 납작하지도 구부러지지도 않고, 얼굴빛도 거무스레하지 않으리라. 얼굴이 좁고 길기만 하거나 또 움푹 패이거나 일그러지지 않아서 못생긴 구석이 한 군데도 없으리라. 입술·혀·치아가 다 보기 좋으며, 코도 길고 높으며 아주 반듯하고 얼굴 생김새가 원만하리라. 눈썹도 높고 길며 이마 역시 넓고 반듯하여, 아주 좋은 인상을 갖추게 되리라. 그리고 세세생생 태어날 적마다 부처님을 친견하여 법을 듣고, 가르침을 믿고 받아들일 것이니라.

아일다보살이여, 또 그대는 이 점을 면밀히 생각해보도록 해라. 즉 한 사람만 같이 가자고 권하여 법을 듣게 한 공덕도 이와 같이 많거늘, 하물며 일심으로 설법을 듣고 독송하며 또 대중 앞에서 남들을 위해 자세히 분별하여 해설해주고 경전에서 설한 대로 수행한 공덕이야 얼마나 많겠느냐!"

그때 세존께서 거듭 의미를 표현하시고자 게송으로 말씀하셨다.

만약 누군가 법회에서
이 경전을 듣고
하다못해 한 게송만이라도
따라 기뻐하며 남에게 설하되,

이 사람 저 사람 이렇게 차례로 전해져서
오십 번째로 듣고 기뻐한 사람의 경우
그 사람이 얻는 복덕에 대해
이제 마땅히 분별하여 말하리라.

만일 어떤 큰 시주자가
한량없이 많은 중생들에게
팔십 년 동안이나 물자를 공급하여
중생들이 소망하는 대로 다 베풀어주다가,

중생들이 늙고 백발이 되어
얼굴도 주름진 데다 이도 빠지고
몸도 바싹 여윈 것을 보고는
머지않아 죽게 될 것을 감안해서,

'내 이제 응당 저들을 교화하여
불법의 도과를 얻게 하리라.'
그래서 곧 그들을 위해 방편으로
열반의 진실한 법을 설하되,

'세상 모든 것은 견고한 것이 없어서
물거품 같고 타다가 꺼지는 불꽃 같나니
너희들은 응당히 모두
빨리 세상을 벗어나려고 생각해야 하느니라!'

법문 들은 모든 사람들
전부 아라한과를 얻어서
육신통과 삼명은 물론
팔해탈마저 갖추게 되었다 치더라도,

맨 나중 오십 번째 사람
경전 게송 한 구절만 듣고 따라 기뻐한 복덕이
아까 시주자의 복보다 훨씬 더 수승하여
가히 비유도 할 수 없게 많으니라.

이와 같이 여러 사람 통해 경전을 전해 들은
복덕만 하더라도 헤아릴 수 없거늘,
하물며 법회에서 처음 법을 듣고
따라 기뻐한 사람의 공덕이야 오죽 많겠느냐!

만일 누군가 어느 한 사람에게 권하여
법화경을 같이 듣자고 말하기를,
'이 경은 깊고도 미묘하여
천만 겁이 지나도록 만나기 어렵다네.'

얘기 들은 사람이 법회에 따라가서
잠깐만이라도 듣게 된다면
권유한 사람이 받는 복덕에 대해
지금 다시 분별하여 말하리라.

세세생생 날 적마다 입에 병이 없고
이도 성글게 나지 않으며 누르거나 검지 않고
입술은 두텁지도 않고 언청이도 아니어서
보기 싫은 모양이 전혀 없을 것이며,

혀는 마르거나 색깔이 칙칙하거나 짧지 않고
코는 길면서도 높고 곧으며
이마 역시 넓고 반듯한 데다
얼굴과 눈도 모두 단정하리니,

사람들이 보기 좋아하고
입에서 나쁜 냄새는커녕
우담발라화 향그런 꽃내음이
풍겨 나오리라.

만일 법화경을 듣고자
일부러 스님들 정사에 찾아가서
잠깐만이라도 듣고 기뻐한다면
또 마땅히 그 복덕에 대해 말하건대,

내생에 천상과 인간 가운데 태어나
좋은 코끼리와 말이 끄는 수레
혹은 진귀한 보배로 꾸민 가마를 타고
그리고는 하늘궁전으로 올라가리라.

만약 법화경 강의하는 곳에서
남에게 경전을 앉아 듣도록 권한다면
그러한 복의 인연만으로도
제석천왕·범천왕·전륜성왕의 자리에 앉거늘,

하물며 일심으로 법문을 듣고
남에게 그 뜻을 해설해주며
가르침대로 수행한다면
그 복덕이야말로 헤아릴 수 없을 정도니라.

사경 끝난 날 : 불기　　　　　　년　　　월　　　일